4° Ld 6 16

Paris

1734

Le Vayer de Boutigny, Roland

Le Droit des souverains touchant l'administration de l'Église,

LE DROIT

DES SOUVERAINS

TOUCHANT L'ADMINISTRATION

DE L'EGLISE,

OU L'ON TRAITE,

1º. De la conduite de l'Eglise en general, & de son partage entre les Puissances temporelles & spirituelles.

2º. De l'autorité du Roy touchant l'administration de la Foy.

3º De l'autorité du Roy dans la discipline qui concerne le Culte Ecclesiastique.

4º. De l'autorité du Roy touchant les personnes Ecclesiastiques.

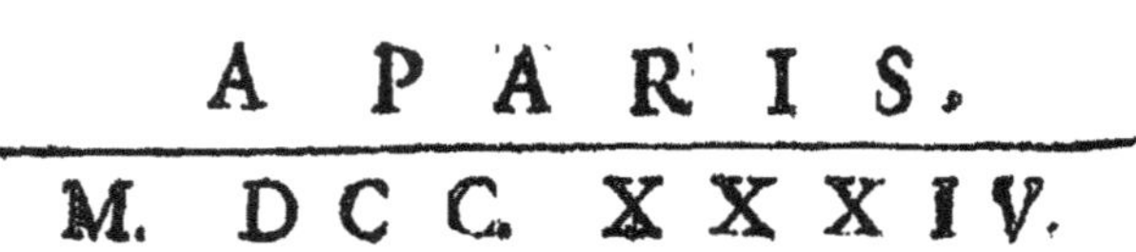

A PARIS,

M. DCC. XXXIV.

DISSERTATION

N conſidere l'Egliſe, ou comme Corps politique, ou comme Corps myſtique & ſacré. C'eſt un Corps politique par rapport à l'Etat dont elle eſt un nombre. C'eſt un Corps myſtique par relation à Jesus-Christ dont elle eſt l'Epouſe.

Comme Corps politique, c'eſt une Aſſemblée de Peuples unis par les mêmes Loix ſous un même Chef temporel. Comme Corps myſtique, c'eſt une Aſſemblée de Fideles unis par une même foy ſous un Chef ſpirituel pour travailler enſemble à la gloire de Dieu & chacun à ſon ſalut particulier ; le Pape en eſt le Chef ſpirituel comme Vicaire de Jesus-Christ.

Ainſi deux Puiſſances Souveraines ſont aſſociées au Gouvernement de l'Egliſe. La temporelle eſt la premiere dans l'ordre naturel ; car l'Egliſe eſt dans l'Etat, & non l'Etat dans l'Egliſe. La ſpirituelle eſt la premiere dans l'ordre ſurnaturel. *Optatus Milevit. lib. 3.*

Les deux Puiſſances entreprennent ſouvent l'une ſur l'autre, parce qu'il eſt difficile de diſtinguer ce qui appartient purement à chacune en particulier.

Ceux qui ont travaillé ſur cette matiere y ont jetté de la confuſion, ſoit par complaiſance, ſoit en confondant le Fait avec le Droit.

La confuſion dans les Faits vient encore de ce qu'en negligeant la ſuite de l'Hiſtoire, on raſſemble dans un même lieu des choſes éloignées de pluſieurs ſiécles.

Pour examiner les Faits, il faut commencer par ce qui s'eſt paſſé

A

fur ce fujet chez les Juifs & fous les Empereurs Romains, depuis Conftantin jufqu'à Juftinien, qui eft le tems où la Difcipline Ecclefiaftique a été dans fa grande vigueur, & voir enfuite ce qui s'eft paffé fous les trois Races de nos Rois.

Dans la queftion de Droit, il faut d'abord fe former une idée de la conduite de l'Eglife en general, & de la part que nos Rois peuvent legitimement avoir ; & divifer enfuite toute cette matiere en quatre parties principales, dans lefquelles toute la Difcipline de l'Eglife eft renfermée.

1°. De la conduite de l'Eglife en general & de fon partage entre les Puiffances temporelles & fpirituelles.

2o. De l'autorité du Roi touchant l'adminiftration de la Foy.

3°. Idem, dans la Difcipline qui concerne le culte Ecclefiaftique.

4°. Idem, touchant les perfonnes Ecclefiaftiques.

PREMIERE PARTIE

Qui concerne les Faits.

LEs Faits parmi les Juifs tirez de l'Ecriture Sainte, font d'autant plus importans, que Dieu a toujours été parmi eux fi jaloux de fon autorité & de fes Prêtres, qu'à peine peut-on trouver qu'elle ait été violée par entreprife de la Puiffance feculiere, fans qu'au même inftant la Juftice divine ait donné des marques de fon défaveu, & que la temerité n'en ait été châtiée par quelque punition exemplaire.

Le fouverain Sacerdoce a été fouvent uni à la perfonne des Rois ; ainfi il faut prendre garde de ne pas prendre pour acte de Magiftrature politique, ce qu'ils n'ont fait qu'en qualité de Sacrificateurs ; ainfi il ne faut point confondre ce que fit Móyfe, qui avoit une miffion particuliere de Dieu, ni ce que fit Aaron, qui eft nommé par l'Ecriture Roi & Grand Prêtre tout enfemble.

Le premier exemple où nous pouvons juger que Dieu a voulu affocier les Rois aux Prêtres, eft celui où promettant aux Ifraëlites de leur donner un Roi, il ajoute que le Roi eft un exemple de la Loi facrée : ce tems étant venu, Dieu voulut qu'il fût oint comme étoit le Grand Prêtre, & il eft remarqué qu'auffi-tôt l'Efprit de Dieu entra en lui, & qu'il prophetifa comme les Prophetes ; ce qui marque le privilege & la fainteté des Rois. Cependant Saül ayant facrifié en l'abfence de Samuel, en fut puni.

David ordonna le tranfport de l'Arche, & en fit prefque toute la ceremonie.

Oza ayant voulu foutenir l'Arche, fut puni de mort.

David étoit revêtu d'un Ephod de lin, qui étoit l'ornement du *Rois 2. t. 6.* grand Sacrificateur; mais l'étoffe étoit différente. Le Roi avoit tendu *Paral. t. 17.* le Tabernacle, il donna la benediction au peuple, il regla l'ordre & le ministere des Levites.

Salomon son fils déposa Abiathar de la Sacrificature, & ordonna que Sadoc fût seul Sacrificateur; il fit bâtir le Temple, il convoqua l'Assemblée, & indiqua le jour de la Dedicace; il fit la priere au nom du peuple, auquel il donna la benediction, & il regla le minis-tere des Prêtres.

Ses Successeurs firent de même.

Josaphat établit des Prêtres en Jerusalem pour connoître des causes des Ecclesiastiques, & leur prescrivit l'étendue de leur Jurisdiction.

Joas ordonna aux Prêtres de prendre tout l'argent des offrandes des passans, de l'employer aux réparations de la couverture du Temple.

Les Levites portoient le tronc au Roi, & l'ouverture s'en faisoit *Paralip. 2.* en présence d'un des Officiers du Roi & du Grand Prêtre, &c. *c. 24.*

Ezechias fit ouvrir le Temple que l'impieté de ses peres avoit fer-mé; il leur commanda de purifier le Sanctuaire, & leur fit renouveller le serment de leur Religion; il fit assembler les Tribus d'Ephraïm & de Manassé pour la celebration de la Pâque, & le jour en fut déli-beré dans son Conseil.

Josias commanda au Grand Prêtre de faire fondre en lingots le *2. Par. c. 34.* restant des offrandes pour en faire des vases sacrez, lequel ayant trouvé les Livres de Moyse, les apporta au Roi, qui en ayant en-tendu la lecture, déchira ses vêtemens, de douleur de voir que ses ancêtres en avoient si mal observé les préceptes. Il convoqua les Sacrificateurs, les Levites & le Peuple à Jerusalem, leur fit faire lecture des Livres sacrez; & étant assis sur son Trône, leur fit prê-ter serment de les observer, &c. Sa mort fut suivie d'un désordre universel dans l'Eglise, par la fameuse captivité des Juifs, & par leur transport à Babylone.

Les Juifs furent long-tems après cela sans autres Rois que ceux de Perse & de Syrie, qui donnant la souveraine Sacrificature à leur gré, transportoient en même tems à une même personne le pouvoir des choses civiles & sacrées.

Enfin cette double Puissance ayant peu à peu repris de nouvelles forces, & s'étant, pour ainsi dire, conservée pendant 700. ans,

Aristobule fils d'Hircan, se déclara Roi & souverain Sacrificateur tout ensemble. Ces deux titres ne laisserent pas d'être separez; mais on ne voit rien dans leur administration qui puisse être utile à notre sujet.

Epoque des Empereurs Romains.

Dès que les Empereurs ont été Chrétiens, les choses Ecclesiasti- *Socrat. l. 7. li. proëm.*

-ques ont dépendu d'eux, & les grands Conciles ont été convoquez par leurs avis & comme ils ont jugé à propos.

An de J. C. 307. Du tems de Constantin tout ce qui se passoit de considerable dans l'Eglise, se faisoit par son ordre.

Eusem. l. 6. c. 34. Des Evêques sectateurs de l'Hérésie de Donat ayant accusé Cecilien devant l'Empereur, ce Prince exerça quatre ou cinq actes de

Eusem. l. 10. c. 7. Souveraineté remarquables. 1°. Il leur donna des Juges à qui il commanda de s'y trouver. Les Donatistes condamnez par le Pape, ayant appellé à l'Empereur, Constantin indiqua un Concile à Arles pour juger l'Appel. Deux ans après les Donatistes ayant appellé de la Sentence du Concile à l'Empereur, il connut de l'Appel & confirma la Sentence.

L'Hérésie d'Arius ayant suivi, Constantin convoqua le grand Concile de Nicée, & tous les Historiens conviennent que les Evêques reconnurent l'Empereur pour Juge naturel de leurs differens.

Socrat. c. 35. Dans la fausse accusation des Ariens contre S. Athanase, l'Empereur convoqua le Concile de Tyr. (Voyez sa Lettre aux Evêques, &c.) Saint Athanase condamné se retira vers l'Empereur, qui écrivit aux Evêques de venir lui rendre comte de ce qu'ils avoient fait : ,, A moi, dit-il, à qui vous ne contestez point la qualité de ,, Ministre sincere de Dieu, &c.

Eusеb. de vit. Const. c. 4. c. 8. Il consacra par une Loi le Dimanche & les Fêtes des Martyrs au repos & à la priere. Il dit qu'un Evêque ne l'est que d'un Diocese, & qu'il l'étoit de tous.

Une autre fois dans un festin que fit ce Prince à quelques Prélats, il leur dit : ,, Vous autres, vous êtes Evêques au dedans de l'E- ,, glise, & pour moi, Dieu m'en a établi Evêque au dehors.

L 2. de Episc. & Cleric. C. Theo. Eusеb. de vita C. 4. c. 27. Leg. 9. C. de Episc. Jud. Cod. Theod. Il donna quantité de priviléges aux Ecclesiastiques, & entr'autres il permit à quiconque voudroit choisir des Evêques pour juger au préjudice des Magistrats séculiers, de le pouvoir faire librement; ordonna que la Sentence tiendroit comme si l'Empereur l'avoit signée & prononcée lui-même, & enjoignit à ses Officiers d'y tenir la main. Ce qu'il confirma depuis tant à l'égard des causes civiles que des causes Ecclesiastiques.

L'Empereur assembla un Concile à Smyrne contre l'Hérésie de Photin, lequel ayant été condamné eut recours à l'Empereur Constance qui délegua des principaux Officiers de son Conseil, pour en connoître conjointement avec les Evêques.

Socrat. l. 1. c. 20. Theod. l. 2. c. 28. Sozom. l. 4. c. 16. Quelque tems après Constantin étant mort, ses enfans demeurerent dans la même possession. Marcel condamné par la brigue des Ariens dans un Concile à Constantinople, les Empereurs Constant & Constance ordonnerent la révision du procès.

Ces Princes ayant convoqué un Concile à Nicée touchant l'Hérésie d'Aëtius, ils ordonnerent qu'après que les Evêques auroient donné leurs avis, ils en députassent vingt d'entre eux pour leur venir rendre comte de ce qu'ils auroient arrêté, ,, afin, dit l'His-

(5)

„ torien , qu'ils viſſent ſi leurs ſentimens étoient conformes aux
„ ſaintes Ecritures. " Cela fut executé, & l'Empereur condamna
Aëtius.

C'étoit l'Officier de l'Empereur envoyé pour être préſent à la
diſpute, qui préſcrivoit aux Evêques l'ordre des queſtions par où
ils devoient commencer.

L'Empereur avoit convoqué ce Concile & le licentia.

Il n'y a rien de conſiderable à obſerver ſous les Empereurs Ju- *An de J. C.*
lien qui apoſtaſia, Jovien qui mourut auſſitôt après ſon élection, *364.*
Valentinien & Valens qui fut Arien. *Leg. 4. de*

Gratien fit pluſieurs Loix ſur la police de l'Egliſe. Il fit rayer *Hæret. Cod.*
de ſes titres la qualité de Souverain Pontife. *Theod.*

Valentinien ſon ſecond frere mourut trop jeune pour ſe mêler *Sozom. l. 1.* *c. 1.*
de cette police.

Theodoſe le Grand convoqua le Concile Univerſel contre Ma-
cedonius ſur la Divinité du Saint Eſprit. Il fit un Edit pour établir la Foi Catholique dans ſes Etats. Il choiſit Nectarius pour
Evêque après S. Gregoire ; il décida de la Foi en faveur des Catholiques contre les Ariens ; il défendit d'admettre au ſervice de
l'Egliſe aucune femme qui n'eût eu des enfans & qui n'eût paſſé *Socrat. l. 5.*
ſoixante ans ; il ordonna de chaſſer de l'Egliſe celles qui ſe fai- *c. 10.*
ſoient raſer les cheveux , & de dépoſer les Evêques qui les y *Sozom. l. 7.* *c. 16.*
recevoient.

Arcadius ſon fils fit diverſes Loix contre les Hérétiques & les
Payens, pour défendre leurs Aſſemblées , pour régler la licence
des Clercs & des Moines qui enlevoient les condamnez au ſupplice.

Saint Jean Chryſoſtome dépoſé par un Concile tenu dans un
Fauxbourg de Calcedoine, Arcadius l'exila ; puis l'ayant rappellé,
S. Chryſoſtome le pria de faire aſſembler un autre Concile.

Ce fut par l'autorité d'Honorius I. que fut convoquée la fa- *Baron. an.*
meuſe Conference d'Evêques en Afrique ſur le ſchiſme & l'Hé- *411. c. 3.*
réſie des Donatiſtes , & ce fut Marcellin Tribun de la Milice qui
fut envoyé pour y tenir la main , en préſcrire la forme, entendre
les Conſtitutions & y prononcer au nom de l'Empereur.

Un précedent Concile de Carthage députa vers lui deux Evêques *Conc. Carth.*
pour lui demander des Loix ſur pluſieurs chefs de la Diſcipline Eccle- *3. Diſſert. 5.*
ſiaſtique.

Le Pape Boniface le pria de faire une Loi qui pourvût à empêcher
que l'Evêque de Rome ne fût déſormais élû par brigue, & Honorius
lui répond, que ſi deux ſont élûs, pas un des deux ne demeure Evêque.

Theodoſe fils d'Arcadius, convoqua le grand Concile Univerſel *Socrat. l. 7.*
d'Epheſe, qui eſt le troiſiéme OEcumenique, y envoya un des principaux de ſa Maiſon.

Quatre ou cinq ans après il publia le Code inſtitué de ſon nom, *Lib. 16. Cod.*
dans lequel eſt un Livre entier de Loix Eccleſiaſtiques, dont les ti- *Theod.*
tres ſont, 1°. de la Foi, 2°. des Evêques, des Egliſes, des Clercs,
3°. des Moines, &c.

B

<table>
<tr><td valign="top">

An de J. C.
428.

453.

463.

521.

*Ep. 1. Vigil.
in fin. Conc.
Aurel. IV.
apud Sirm.*

</td><td valign="top">

Valentinian III. regle auffi la Difcipline Ecclefiaftique.

Martian convoqua le Concile de Calcedoine ; il y fut prefent avec l'Imperatrice fa fœur ; & plufieurs des principaux Perfonnages de fon Confeil qui y reglerent diverfes conteftations, prononcerent la dépofition de l'Evêque Diofcore & de fes complices, le rétabliffement de la Metropole de Tyr, & exercerent divers Actes de Jurifdiction.

Leon écrivit aux Evêques d'Orient, & leur ordonna de lui envoyer leur Confeffion de Foi.

Majorien fon Collegue fit une Loi par laquelle il défendit de donner le voile aux Religieufes avant quarante ans.

Severe, Antonius, Leon le jeune, & Anaftafe, ont peu regné, & ne fe font mêlez de l'Eglife que pour la troubler.

Juftin envoya par un Edit le Symbole de la Foi aux Eglifes, avec injonction de le recevoir, finiffant par ces termes : ,, Si quelqu'un dé- ,, fend une Foi contraire, Nous le déclarons anathême.

Juftinien s'eft mêlé de la Foi, de la Difcipline Ecclefiaftique ; il a mis la main à tout, excepté à l'Encenfoir : il a convoqué les Conciles Generaux & particuliers, bâti des Temples, ordonné du nombre de leurs Miniftres ; il a fait des Loix fur l'établiffement de la Foi, la vie & les mœurs des Ecclefiaftiques, leurs biens, leurs priviléges, leur Jurifdiction, l'ufage & la forme de l'Ordination des Prêtres, des Diacres & autres Miniftres, leur dégradation ou dépofition, la Vêture, la Profeffion & la régularité des Moines, & enjoignant aux Metropolitains, aux Evêques & à tous les Ecclefiaftiques l'obfervation de ces Loix ; il ajoute fous peine aux contrevenans, d'être dépofez de l'Ordre de Prêtrife.

Le Pape Vigile écrit à Auxonne, qu'il ne lui peut donner l'ufage du Pallium, fans en avoir donné l'avis à l'Empereur : c'étoit pourtant un homme tout Ecclefiaftique.

</td></tr>
</table>

Epoque de la premiere Race de nos Rois.

<table>
<tr><td valign="top">

Greg. Turon.

</td><td valign="top">

Ce qui eft de mieux éclairci dans les Faits de la premiere Race de nos Rois, eft leur autorité dans l'adminiftration des chofes Ecclefiaftiques, foit parce que Gregoire de Tours, le principal Hiftorien, étoit Evêque, foit parce que de tous les Actes publics de ce tems-là, il ne nous refte prefque plus que des Conciles. On ne peut commencer que par Clovis, qui le premier s'eft fait Chrétien. Avite Evêque de Vienne, dit : ,, Enfin la Providence divine nous a trouvé ,, un Arbitre pour décider nos differends ; car le choix que vous faites ,, pour vous de notre Foi, eft un jugement par lequel vous condamnez ,, tous vos peuples à la recevoir.

Saint Remi écrivant à des Evêques, & parlant de Clovis, l'appelle Prédicateur & Défenfeur de la Foi ; & en un autre endroit il dit : ,, Vous m'écrivez que ce qu'il m'a commandé n'eft pas cano-

</td></tr>
</table>

,, nique, &c. c'eft le Prélat du Royaume, &c. qui me l'acommandé. ''
En 511. le Concile d'Orleans fut tenu par le commandement exprès
du Roi. Son fixiéme Canon porte, que nul Seculier ne pourra être
promû à l'Ordre de Clericature, que par le commandement du Roi,
ou la permiffion du Juge ; ce qui a été pratiqué, même dans la feconde Race.

Le deuxiéme Concile d'Orleans a été convoqué au nom des quatre An de J. C.
enfans de Clovis.   5 3 3.

Theodebert & fon fils en ont fait tenir deux en Auvergne.   *Greg. Turon.*

Saint Gal Evêque de Clermont, étant décedé, le Roi fit confacrer *bift. l. 4. c. 5.*
Coftin, quoique le Clergé en eût élû un autre.   *& fcq.*

Clodomir donna l'Evêché de Tours à Dinife.

Childebert diftingué par fa pieté, affembla le cinquiéme Concile
d'Orleans, dans lequel il fut décidé que l'Epifcopat ne pouvoit être
obtenu que par la volonté du Roi, fuivant le fuffrage du Clergé & du
Peuple. Il eft vrai que dans le troifiéme Concile de Paris, il fut dit *Conc. Gall.*
que l'Evêque feroit élû fans le commandement du Roi ; mais ce Ca- *T. 1. ad an.*
non ne fut jamais obfervé.   *557.*

Ce Prince avoit non feulement le choix des Evêques, mais il leur *Le Pape Pe-*
donnoit des Juges ; & quand-ils avoient manqué, le Pape s'adreffoit *lage en écri-*
à lui pour le prier de faire réparer leur faute.   *vit au Roi.*

Dans une Lettre du Pape à trois Evêques, il dit : ,, Puifque la
,, divine Providence vous a trouvé dignes de l'Epifcopat, & que
,, vous avez pour vous la volonté du très-glorieux Childebert Roi
,, de France.

Pelage foupçonné d'herefie, Childebert lui demanda fa profeffion
de Foi. Ce Pape dit : ,, Nous devons confeffer notre Foi pour obéir
,, aux Rois, à qui nous fommes foumis felon la Doctrine de l'E-
,, criture.

Gontaire Eveque de Tours étant mort, Clotaire IV. commanda
au Clergé d'élire Catton, & la fuite.

Clotaire donna l'Evêché de Xaintes à Emery, le fit confacrer d'autorité abfolue, fans la participation du Peuple, du Clergé & du Metropolitain.

Cherebert l'un des fils de Clotaire, ayant appris que Leon Metropolitain de Bordeaux avoit affemblé un Concile à Xaintes, dans lequel il avoit dépofé Emery pourvû par Clotaire, & qu'il avoit fait élire
Heraclius à fa place, lequel étant venu rendre compte au Roi de fon
élection, le Roi le fit mettre dans une charette pleine d'épines, l'envoya en exil avec ces paroles : ,, Penfes-tu que Clotaire foit fi mal-
,, heureux, qu'il n'ait pas laiffé d'enfans capables de foutenir & de
,, faire executer fes volontez après fa mort ?

Le Roi envoya rétablir Emery dans fon Evêché, condamna Leon
en mille écus d'amende qu'il lui fit payer, & les autres Evêques
qui avoient affifté au Synode, à d'autres amendes proportion-
nées.

Gregoire de Tours qui rapporte cette Histoire, blâme lui-même l'entreprise du Metropolitain.

An de J. C.
562.
Pasquier 9.
l. 3.

Gontran Roi d'Orleans convoqua plusieurs Conciles, & en fit passer tous les articles par un Edit.

Les Evêques condamnez n'osoient se retirer vers le Pape que par la permission du Roi. Ceux d'Embrun & de Gap ayant été condamnez dans les Conciles de Mâcon & de Valence, ayant obtenu permission du Roi, s'étant pourvûs vers le Pape Jean III. ayant obtenu leur absolution, le Pape écrivit au Roi pour les faire rétablir dans leurs Evêchez. Le Roi le fit ; mais n'étant pas devenus plus sages, le Roi convoqua deux ans après un Concile à Challon où ils furent dégradez, & le Roi les fit enfermer dans des Monasteres.

582.

Quoique Sigebert ne vécut pas long-tems, nous voyons cependant des marques de son autorité dans les Lettres de Gregoire le Grand. Ce saint Pape déposant par toute la Chrétienté les Evêques promûs par simonie, reconnut qu'il n'avoit pas droit d'en user ainsi en France, & que c'étoit au Roi d'y donner ordre. Il mande à Vigile Evêque d'Arles d'avertir le Roi d'abolir cette tache de son Etat, & dans plusieurs de ses Lettres au Roi, il l'exhorte d'ordonner la convocation d'un Concile, &c.

Greg. Turon.
c. 15. hist.

Après la Sentence du Concile de Poitiers sur la sedition arrivée dans le Monastere de Siles, les Evêques écrivirent au Roi, & par leur Lettre ils reconnoissent ne s'être assemblez, & n'avoir connu de cette affaire, que par sa permission & son commandement, & n'en avoir jugé que par son autorité ; il ne s'agissoit cependant que d'une discpline Ecclesiastique.

590.

Chilperic convoqua à Paris un Concile où fut jugé le procès contre Prétextat Evêque, dans lequel Gregoire de Tours dit au Roi : ,, Sire, si quelqu'un de nous passe les bornes de la justice, ,, vous avez le pouvoir de le corriger : mais si vous les passez ,, vous-même, qui vous reprendra ? Nous vous parlons & nous ,, écoutons quand il vous plaît ; mais si vous ne voulez pas nous ,, entendre, qui vous condamnera, sinon celui qui s'est nommé ,, lui-même la Justice ? ''

Greg. Turon.
c. 5. 6. & 30.

Dans ce tems les Evêques étoient promûs par les Rois. Voici les termes de Gregoire de Tours : ,, Il fut ordonné & tonsuré ,, Evêque par le Roi. ''

Clotaire fit assembler un Concile à Mets, où Gilles Evêque de Reims fut condamné comme criminel de leze-Majesté. Le Roi lui donna la vie à la priere des Evêques.

Il convoqua le V. Concile de Paris sur la réformation de la Discipline de l'Eglise, dont il fit passer les articles par un Edit, où il changea & ajouta plusieurs choses.

622.
Pr. des Lib.
de l'E. Gal. t.
l. 15. n. 10. 11.

Dagobert donna l'Evêché de Cahors à un de ses Officiers nommé Didier. Il défendit de tenir un Concile sans son congé.

Clovis II.

Clovis II. le premier furnommé le Fainéant , convoqua deux Conciles , l'un à Challon-fur-Saone , l'autre à Clichy.

Les Formules du Moine Marculfe fourniffent bien des autoritez.

La fixiéme Lettre du Roi au Metropolitain & la feptiéme prouvent que le Roi étoit en poffeffion de choifir l'Evêque, de commander au Metropolitain, de le confacrer, & que le droit du Peuple n'étoit, à proprement parler, que celui d'ufer envers le Roi d'une très-humble fupplication.

D. Guron.
Bignon in
not. ad Formul. Marcul.
in proprio.
l. 4. 1. 6. 2.

Il eft vrai que fur la fin de cette premiere race depuis 660. les guerres cauferent tant de confufion & d'ignorance , qu'on ne favoit prefque plus ce que c'étoit que police Ecclefiaftique.

On ne tint plus de Conciles ; ce qui fit que vers 722. le Pape Gregoire envoya l'Archevêque Boniface Legat en Allemagne , & enfuite en France, pour y rétablir non feulement la difcipline Ecclefiaftique , mais même le Chriftianifme : mais il faut obferver 1°. que ce Legat obtint la permiffion de Charles Martel; 2°. que le Pape avoit limité fon pouvoir en France au droit d'y prêcher, par ces mots : ,, Pour exercer nos fonctions & notre Vicariat par ,, la prédication qui nous eft enjointe. "

V. Epift.
Greg. 3. ad
Epifc. ad ann.
728.

Carloman & Pepin Ducs & Princes des François fous Chilperic III. convoquerent fucceffivement chacun un Concile.

Le premier eft celui de Septimes , ou Eftimes , où Carloman préfidoit en préfence même du Legat du Pape, dont voici les termes : ,, Au nom de Notre Seigneur Jesus-Christ , Moi Carlo- ,, man Duc & Prince des François, l'an de l'Incarnation 742. le 11. ,, des Calendes de Mai, J'ai affemblé en un Concile par le con- ,, feil des Serviteurs de Dieu & Seigneur de ma Cour , les Evê- ,, ques de mon Royaume avec les Prêtres pour me donner con- ,, feil fur la maniere en laquelle on pourra rétablir la crainte & ,, le fervice de Dieu & la Religion Ecclefiaftique qui eft tombée ,, en ruine dans ces derniers jours , & comment le Peuple Chré- ,, tien pourra parvenir au falut de fon ame, & s'empêcher de pe- ,, rir par la tromperie des Faux-Prêtres. "

Tous les Canons de ce Concile font remarquables fur notre fujet ; cependant le Pape Zacharie approuve ce Concile, & en felicite tous les Evêques qui y ont affifté.

L'autre Concile s'eft tenu à Soiffons , convoqué par Pepin qui n'étoit encore que Duc des François. ... Moi Pepin, &c. Sur la fin il eft dit : ,, Celui qui contreviendra à ces Décrets établis par ,, vingt-trois Evêques & autres Serviteurs de Dieu, du confente- ,, ment du Prince Pepin & des Seigneurs François , fera jugé ou ,, par le Prince ou par les Evêques. " Et le Concile eft figné , Pepin.

Epoque de la seconde Race de nos Rois.

L. 3. c. 5. 11. Pasquier en parlant de la seconde Race, dit que sa jeunesse avoit été sous Pepin, sa virilité sous Charlemagne, & sa vieillesse sous Louis le Débonnaire ; car la caducité commence sous Charles le Chauve , après lequel on ne voit rien de remarquable jusqu'à la troisiéme lignée. Ainsi il ne faut s'arrêter qu'à ce qui s'est passé sous ces quatre Rois.

Sous Pepin le Bref, il ne se passa presqu'aucune année qu'il ne fît tenir un Parlement ou Concile dans son Palais & presque toujours en sa présence , où pour l'ordinaire on ne traitoit pas simplement de la Discipline Ecclesiastique, mais encore des principales affaires de l'Etat. Mais entre ces Conciles, dans celui de Vernon-

Can. 4. v. 2.
Conc. Gal. ad
an. 755.
sur-Seine il y a deux Canons ; par l'un il est dit qu'il se tiendra deux Conciles par an, par-tout où il plaira au Roi de l'ordonner, & en sa présence ; par l'autre, que nulle Abbesse ne pourra sortir de son Monastere , si ce n'est que le Roi lui commande de venir vers lui , auquel cas elle sera tenue d'obéir.

Ce fut lui qui ordonna le premier que l'Eglise Gallicane quitteroit le chant dont elle usoit dans les Temples , pour prendre celui de l'Eglise Romaine, quoique cela n'ait été executé que sous Charlemagne son fils qui tint si souvent ces Assemblées, appellées Parlemens ou Conciles, qu'on en comte jusqu'à cinq en une

'Arelat. Conc.
an. 813. in
Conc. Gall.
Tom. 2.
seule année , dont celui d'Arles finit par ces termes : „ Voilà en „ abrégé les choses que nous avons trouvées dignes de notre cor-„ rection, & devoir être présentées à l'Empereur, pour le conju-„ rer , s'il y manque quelque chose, de le vouloir bien suppléer ;

V. Epist. Ca-
rol. Magn.
ad Elop.
„ s'il y trouve quelque chose de mauvais, de le corriger par son „ jugement , & s'il y a quelque chose de raisonnable, de lui don-„ ner sa derniere perfection par son assistance. “

Le plus considerable est celui tenu à Francfort en 744. touchant l'Heresie d'Elipan & de Felix qui soutenoient que Jesus-Christ n'étoit que le Fils adoptif de Dieu, & touchant l'adoration des Images.

Can. 4. 6. 7.
9. 10. &c.
Il paroît que Charlemagne y présida ; car dans les Canons il est dit : NOTRE ROI très-pieux A STATUE' avec le consentement du saint Synode, ou bien, IL A E'TE' ORDONNE' PAR LE ROI NOTRE SEIGNEUR, ou, par le saint Synode.

Ibid. ad an.
813. Can. 51.
Dans le Concile de Mayence tenu quelques années après, il y a un Canon qui porte que les Reliques ne pourront jamais être transferées d'un lieu en un autre sans l'avis du Prince ou sans la permission des Evêques ou d'un Concile. Ainsi l'autorité du Prince va de pair avec celle des Evêques ou d'un Concile dans une chose qui semble toute Ecclesiastique.

Pour voir avec quel esprit & quelle autorité il les faisoit, il faut voir la Préface de celui qu'il fit à Aix-la-Chapelle l'an 789. où se qualifiant Dévot défenseur de la sainte Eglise, il dit qu'il a envoyé les Capitulaires aux Evêques par ses Députez, afin de changer ou de corriger avec eux, sous l'autorité de son nom, ce qu'ils jugeroient digne de correction.

Il fit un Edit, par lequel il enjoint à tous les Evêques de son Royaume de prêcher dans leurs Cathedrales dans un certain tems qu'il leur limite, a peine d'être privez de l'honneur de l'Episcopat. *Monach. Sangal.*

Il fit une Ordonnance pour établir des Ecoles dans tous les Evêchez & Monasteres de son Etat, où il dit qu'il avoit été obligé de prendre soin des Evêchez & des Monasteres dont Dieu lui a donné le gouvernement & la conduite. *V. Conf. Car. Magn. per sigs. Epif. & tam. in Con. Gall. ad cu. 788.*

Dans le Recueil de Lettres écrites à ce grand Prince, il y en a une pour le supplier vouloir bien par le conseil d'un Synode François, ensuite d'un jeûne, établir une Fête en l'honneur de la Très-Sainte Trinité, des Anges, de tous les Saints, & ordonner la célebration d'une Messe de S. Michel & de la Passion de S. Pierre.

Toute l'idée de son administration est décrite dans une Lettre d'Hincmar à quelques Evêques de France. Il y avoit dans la Maison du Prince deux Officiers qui avoient soin sous lui de tout le spirituel & le temporel, l'Apocrisiaire, ou Chapelain, ou Garde du Palais pour le spirituel, le Comte du Palais pour le temporel. *Hist. Franc. Tv. 1. p. 437.*

Il regloit non seulement la discipline Ecclesiastique de son Royaume, mais même au-delà; car étant allé à Rome après la défaite des Lombards, il y celebra un Concile avec le Pape Adrien, où le Concile & le Pape lui donnerent le droit d'élire le Souverain Pontife, & d'investir tous les Archevêques & Evêques, sans qu'ils pussent être consacrez qu'après qu'ils auroient reçu l'investiture de lui.

Il a porté l'autorité Ecclesiastique à un si haut point, que non seulement il regloit les affaires de l'Eglise par leurs avis, mais même celles de l'Etat, & c'étoient toujours en partie des Prélats qui composoient ce Conseil ou Parlement qu'il tenoit deux fois l'an, dans l'un desquels on traitoit des affaires de l'année courante, & dans l'autre se déliberoient celles de l'année prochaine. *Hincmar. Rhem. Ego, ad quos Epif. Franc. c. 29.*

Il renouvella dans ses Etats la Loi de Constantin, qui permet aux Seculiers même de porter toutes leurs causes devant les Evêques, pour les juger sans appel à la seule requisition d'une des parties. Louis le Debonnaire continua la tenue des mêmes Conciles, & fit aussi des Capitulaires. *874.*

Il convoqua deux fameux Conciles à Aix-la-Chapelle, où il est dit que c'étoit le Roi qui proposoit, qui avertissoit, & qu'il fit de belles remontrances à tous les Prélats touchant leur conduite. Par un Edit il enjoignit aux Prélats de son Royaume de tenir en même tems quatre Conciles en quatre differens endroits de son Empire. Par sa Lettre circulaire il leur prescrit les Loix de l'Assemblée, les personnes & les points qu'il vouloit y être traitez. Au commencement de la même *828. V. Cap. Jad. no. 11. ad an. 828. c. 1. & seq.*

Lettre, il leur marque comme il avoit cette même année-là ordonné un jeûne general dans tous ses Etats par le conseil des Prêtres & de ses autres Conseillers.

L. 5. Hist.   En consequence de cet Edit, le **VI.** Concile de Paris fut tenu, dont la Préface est remarquable pour notre sujet. Aymoine son contemporain dit qu'il fit publier un Livre entier touchant la Discipline Ecclesiastique.

Il commença pourtant à relâcher de la possession de ses Prédecesseurs en un point; c'est qu'au lieu que les Rois de la premiere Race & les deux premiers de la seconde avoient conservé le pouvoir absolu dans le choix & dans la promotion des Evêques, il rétablit la liberté des élections en faveur du Clergé & du Peuple, dont il eut lieu de se repentir dans la suite.

Charl. le Ch.   Pasquier dit dans ses Recherches que tous les Rois de cette Race
au. 840, l.3. qui succederent à Louis le Débonnaire, ne firent que radoter; &
t. 11. en effet on ne vit plus que divisions & partialitez, jusqu'à ce que pour clôture de leur Tragédie, ils déchûrent enfin de leurs Etats.

Cependant Charles le Chauve eut de grands restes de l'autorité de ses Prédecesseurs. Nous voyons plusieurs Conciles convoquez par son autorité; nous avons une infinité de Capitulaires de son nom. Dans quelques uns faits à Toulouse, il ordonne d'autorité souveraine une infinité de points de Discipline Ecclesiastique,, par ,, provision, dit-il, jusqu'à ce qu'il y fût pourvû par un Synode.

Trois ans après ayant fait assembler les Evêques pour lui donner leurs avis, & ces Prélats lui ayant présenté leurs cayers, il les examina en présence de son Conseil, dans lequel il ne fit entrer aucun Evêque, étant alors mécontent d'eux. Il choisit & rejetta d'autorité absolue tous les articles qu'il jugea à propos de retenir ou de retrancher, quoiqu'il s'agît de Discipline Ecclesiastique.

in Conc. Sil- Il se servit aussi du droit & de la possession de faire juger dans
vanstri. ad le Royaume les causes des Evêques de France qu'on accusoit, non-
au. 863. & obstant les Appels interjettez en Cour de Rome. Nous en avons
in Conc. Suess. deux exemples; l'un dans la cause de Rosade Evêque de Soissons,
ut notat & l'autre dans celle d'Hincmar.
Sirm.
Ibid.   Charles le Chauve souffrit que son autorité reçût de grandes atteintes, entr'autres quand voulant élever son oncle Evêque de Metz au dessus des autres, il consentit pour lui à la Légation en France, avec droit de convoquer les Conciles, d'y présider, d'y juger & d'y proceder contre les autres Evêques, & il présida au Concile tenu à Thionville.

Nous trouvons plusieurs autres échecs à l'autorité Royale, entr'autres dans l'affaire de Lothaire Roi d'Austrasie, depuis appellée Lorraine du nom de ce Prince, quand il voulut répudier Tuberge sa femme pour épouser Valerade sa concubine.

Le plus considerable échec est ce qui se passa au Concile de Pontignon, après que Charles le Chauve eût été déclaré Empereur :

reur : car s'étant lié d'interêt avec le Pape Jean VIII. à qui il avoit obligation de son couronnement fait au préjudice de ses neveux, il semble qu'il prit à tâche d'établir l'autorité du Pape dans son Royaume, peut-être pour mieux établir celle qu'il tenoit de lui. Pour cet effet ayant convoqué un Concile General à Pontignon, il y fit trouver Antegite Légat du Pape, fit faire à la premiere séance l'ouverture des Bulles de sa Légation, pour établir la Préfidence, un pouvoir de convoquer les Conciles & d'exercer les autres droits portez par les Bulles, & le Prince porta l'aveuglement de son zele jusqu'à combattre lui-même la résistance des Evêques, qui ne purent souffrir cette nouveauté.

Depuis ce tems-là, quoique Louis le Begue & Charles le Gros se soient encore mêlez de quelques points de la Discipline, néanmoins les Papes ont commencé leur usurpation ; les Evêques se voyant aban- *Pasquier l. 1.* donnez des Rois qui déferoient trop au Pape, furent enfin obligez *de ses Rech.* d'y avoir recours eux-mêmes.

On ne voit rien sous les Regnes de Louis le Begue, de Louis & Carloman ses enfans, de Charles le Gros, d'Eudes, de Robert, de Raoul, de Charles le Simple, de Rodolphe ou Raoul, de Louis IV. dit d'Outremer, de Louis V. & de Lothaire, sinon des Lettres Patentes de Charles le Gros, par lesquelles il donne à l'Eglise de Challon le droit d'élire son Evêque; & une Lettre de Charles le Simple *893.* aux Evêques de son Royaume, par laquelle il leur ordonne de déposer un certain Hilduin qui s'étoit intrus dans l'Evêché de Liege, & de consacrer en sa place un nommé Richaire.

Epoque de la troisiéme Race de nos Rois.

La troisiéme Race de nos Rois qui a déja plus duré que les deux premieres ensemble, nous ayant conservé des monumens infiniment plus amples, il seroit trop ennuyeux de les détailler ; il suffira pour en donner une idée generale, de choisir de tems en tems un seul exemple.

Depuis Hugues Capet jusqu'à S. Louis, ils ne se font gueres mêlez de la Discipline Ecclesiastique. On trouve du tems de Robert fils de Hugues, que quelques Heretiques ayant voulu semer une Doctrine contraire à la Foi, il fit assembler un Concile à Orleans ; il interrogea lui-même ceux qui lui étoient suspects, & les ayant convaincus, il les condamna a être brûlez.

L'Abbé Suger ayant été élû sans la participation du Roi Louis le Gros, fit emprisonner ceux qui lui apportoient son élection.

Les meubles des Evêques appartenoient au Roi. On trouve au trésor de Chartres un Privilege par lequel Louis le Jeune fils de Louis le Gros, accorde à l'Evêque de Challon & à ses successeurs Evêques, que désormais les Officiers du Roi ne puissent plus s'em-

D

parer de leurs meubles, à l'exception de l'or & de l'argent que le
Roi se réserve selon l'ancien usage.

Dubreuil p.
1006.

Nous trouvons aussi dans les Antiquitez de Paris un don qu'il fait
à des Religieuses, de la Régale sur l'Evêché de Paris.

En 1180. les nouvelles étant arrivées que Saladin s'étoit emparé de
la Terre-Sainte, Philippe Auguste assembla un Concile ou Parlement
à Paris, où il fut résolu une Croisade, & que le Roi prendroit la
dixième partie des revenus de cette année-la ; ce qu'on appelle Dixme
Saladine. Les Evêques d'Orleans & d'Auxerre s'étant voulu retirer
de l'armée, refusans d'y aller que quand le Roi y étoit en personne,
il les condamna à l'amende ; & faute de payement, il confisqua leur
Temporel : s'en étant plaints à Innocent III. le Pape ne voulant pas
contrevenir aux Loix du Royaume, il fallut qu'ils payassent l'a-
mende.

Le Pape Luce III. ayant voulu ériger en Metropole l'Evêché de
Dol, le Roi l'empêcha, & lui manda que c'étoit entreprendre sur
les Droits de la Couronne.

La coutume des Papes & des Evêques étoit de se faire obéir par
la voie des excommunications.

1226.

S. Louis fit une Ordonnance par laquelle il enjoignit aux Juges de
contraindre par saisies les excommuniez de se faire absoudre ; mais
Joinville remarque qu'un jour les Evêques dirent au Roi, qu'il lais-
soit perdre la Chrétienté ; que le Roi à ces mots faisant un grand
signe de Croix, leur demanda comment cela étoit possible : ,, Parce,
,, lui dirent-ils, que personne ne souhaite plus d'être absous des excom-
,, munications : Commandez, s'il vous plaît, a vos Juges, que quand
,, un homme sera pour un an & jour excommunié, il soit contraint
,, de se faire absoudre. " Le Roi répondit, qu'il l'ordonneroit volon-
tiers, pourvû que les Juges trouvassent l'excommunication juste : les
Evêques répondant que ce n'étoit pas aux Laïques de connoître de
la justice ou de l'injustice des excommunications, S. Louis répliqua,
qu'il ne l'ordonneroit jamais autrement, parce qu'il croiroit en cela
faire lui-même une grande injustice : ,, Car, par exemple, leur dit-il,
,, le Comte de Bretagne a plaidé sept ans contre les Evêques de Bre-
,, tagne qui l'avoient excommunié, & enfin a gagné sa cause en Cour
,, de Rome, où il a été absous ; si je l'eusse contraint de se faire ab-
,, soudre dès la premiere année, n'eût-il pas fallu qu'il leur eût
,, abandonné ce qu'on a jugé qu'ils lui demandoient injustement ?

Tr. des Lib.
de l'Eg. Gal.
l. 2. 36. in 3.
ibid.
Dans Fon-
tanos hist. 9.
B. 1.

En effet, l'Archevêque de Reims ayant procès contre les Habi-
tans de sa Ville qu'il avoit excommuniez, le Roi ordonna qu'il seroit
tenu de les absoudre, en payant l'amende, en cas que cela fût trouvé
juste par deux prud'hommes commis par le Roi pour assister l'Archevêque, tant a l'information, qu'au jugement.

Ce saint Roi fit revivre par la Pragmatique-Sanction * la plûpart

* *Pragmatique vient de* Pragmation, *qui est Espagn. signifie Ordonnance. Dans le
Droit* Pragmaticum *est une Loi ou un Edit de l'Emp. l. 10. Cod. de Sacro-sanctis Eccles.*

des Libertez de l'Eglise Gallicanne presque éteintes sous ses Prédé-
cesseurs.

Sa réponse aux Envoyez de Gregoire IX. sur ce que le Pape
lui mandoit avoir excommunié l'Empereur Frederic II. est remarquable. „ Par quelle entreprise témeraire, leur dit-il, le Pape a-t'il
„ prétendu dépouiller de la dignité Imperiale un si grand Prince, qui
„ en tout cas ne le pourroit être que par un Concile General : &c.
„ J'enverrai des personnes sages & avisées vers Frederic, pour s'en-
„ querir des sentimens qu'il a sur la Foi. *Math. Paris, Angl.*

Philippes III. son fils, dit le Hardi, ne fut pas si scrupuleux touchant le Royaume d'Arragon que le Pape lui offrit pour son fils,
après l'avoir mis en interdit sur Pierre d'Arragon qu'il avoit excommunié.

Mais la consequence de l'exemple pensa retomber sur ses Successeurs, par l'interdit de Boniface VIII. contre Philippes le Bel & contre tout le Royaume, au sujet de la trève que ce Pape avoit prétendu
lui prescrire.

A la verité Philippes s'en tira mieux que Pierre d'Arragon : il
apprit aux Papes, par un exemple fameux, ces maximes importantes, qui sont la base & la pierre fondamentale de nos Libertez, qu'en
ce qui concerne le droit de prendre & de poser les armes dans leurs
Etats, les Rois n'ont de Superieur que Dieu seul ; que le temporel
du Royaume ne releve que de lui & de leur épée, & que quand les
Papes pensent abuser du glaive spirituel & de la puissance Ecclesiastique, ils relevent eux-mêmes de l'Eglise Universelle & des Conciles
Generaux, & qu'en attendant les Puissances humaines y peuvent
pourvoir.

En effet, le Roi protesta de nullité de toutes les monitions & cen- *Pr. des Lib.*
sures du Pape, il en appella au futur Concile General ; tous les Or- *T. 2. c. 7.*
dres de son Royame en firent autant. *n. 22.*

Les Communautez Ecclesiastiques prenoient des permissions du *c. 19. n. 17.*
Roi quand elles vouloient acquerir des immeubles de quelque peu *& seq.*
de valeur qu'elles fussent ; & dans les necessitez de l'Etat, le Roi *Recherch. de*
faisoit des levées sur son Clergé sans la permission de la Cour de *Pasquier, 4.*
Rome. *l. 17.*

Le Pape ayant avancé dans une Prédication, que les ames de ceux *Continuateur*
qui décedoient ne verroient Dieu que par essence, & ne seroient par- *de Nangis*
faitement heureux qu'au jour de la Résurrection des corps ; ayant *sur 1332.*
envoyé deux Religieux en France pour prêcher cette Doctrine, Philippes de Valois fit assembler à Vincennes toute la Faculté de Theologie avec tous les Prélats qui se trouvoient à Paris, en presence
des Religieux ; & tous ayant condamné cette proposition, le Roi en
fit faire trois originaux, dont il en envoya un au Pape ; il le pria
d'approuver l'opinion des Docteurs de Paris, qui sçavoient mieux,
lui dit-il, ce qu'il falloit touchant la Foi, que des Canonistes & que
d'autres Clercs qui n'avoient que peu ou peut-être point du tout de

Theologie, le fuppliant de vouloir corriger ceux qui foutiendroient une opinion contraire à celle qu'il leur envoyoit.

Il vendit une Prebende de N. D. de Poiſſy à l'Abbaye de Joyauval, par ſa ſeule autorité, l'une & l'autre de fondation Royale.

Un Archevêque de Bourges ayant oſé publier dans les Statuts Synodaux, que les Juges ſeculiers ne pouvoient, ſans encourir excommunication, juger civilement ou criminellement les Clercs, il fut obligé d'en prendre une abolition de Charles V.

1380. C'eſt particulierement ſous Charles VI. qu'éclate l'autorité de nos Rois dans la Diſcipline Eccleſiaſtique; le Vaiſſeau de l'Egliſe étant deſtitué de Pilote, ce Prince fut obligé de prendre en main le Gouvernement de l'Egliſe & de ſon Royaume.

Grande
[...]
Franc. 6. oct.
1385. Le Schiſme des Papes Urbain V. & Clement VII. fit que ce dernier, pour ſatisfaire trente-ſix Cardinaux dont il avoit beſoin, leur accordoit toutes les graces expeditives. Pour y remedier, Charles VI. fit une Ordonnance par laquelle il enjoignit aux Baillifs & Sénéchaux de faire ſaiſir tout le Temporel des Cardinaux, &c. & de l'employer aux réparations des Egliſes, & de faire ſaiſir auſſi les ſucceſſions des Eccleſiaſtiques décedez, pour les faire délivrer à leurs heritiers.

Reg. du Parlem. in tit.
Ordinationes antiq. f. 141. Sur le Schiſme de Pierre de la Lune, ſous le nom de Benedic ou Benoît XIII. & Boniface Antipape, le Roi fit une ſeconde Ordonnance par laquelle il déclara, par l'avis de ſon Egliſe, des Princes, des Seigneurs & autres qu'il avoit aſſemblez, qu'il n'entend plus obéir au Pape ni à l'Antipape, & fait défenſe à tous ſes Sujets de les reconnoître en quelque façon que ce ſoit. Il ordonne que les Benefices ſeront conferez, ſçavoir les Prelatures, Dignitez & autres Benefices électifs, par la voie de l'élection.

2. T. des Pr.
des Lib. c.4.
& 20. Cette Ordonnance fut ſuivie de pluſieurs autres : il y en eut une par laquelle le Roi défendit même les Pelerinages à Rome pendant le Schiſme.

Boniface IX. étant décedé, le Schiſme n'étant pas éteint avec lui, & la voye de la ceſſion étant l'unique moyen d'y remedier, le Roi ordonna qu'à faute de ceder dans un tems limité, il ne prêteroit l'obéiſſance à aucun des deux.

Hiſt. Carol.
VI. Ce fut alors que Benoît envoya en France cette étrange Bulle, portant excommunication contre le Roi & contre tous ceux qui approuveroient la ceſſion. On ſçait comme la Bulle & ſes porteurs furent traitez.

1310. L'Egliſe Gallicane fut adminiſtrée par les Prélats ſous l'autorité de Charles VI. qui fit défenſe de ſe ſervir d'autres Bulles de Pierre de la Lune, & cette conduite fut approuvée par l'Univerſité de Paris, par toute l'Egliſe de France, & même de l'Egliſe Univerſelle, comme il paroît par un Decret du Concile de Piſe.

1413. Charles VII. fit un Edit par lequel il défendit de conferer des Benefices à des Etrangers. Dans la Preface il dit qu'il le fait conformément aux Ordonnances.

Ce Prince

Ce Prince étant dans l'Assemblée Generale de l'Eglise Gallicanne qu'il avoit convoquée à Bourges, le Concile de Bâle l'envoya prier que l'Assemblée reçût ses Decrets. Il fut avisé qu'ils seroient vûs & modifiez, s'il s'y trouvoit quelque chose contraire aux mœurs du Royaume.

En effet, les Canons de ce Concile & ceux de celui de Constance n'y furent acceptez en ce qui concerne la Discipline, que sous les modifications qui sont dans la Pragmatique-Sanction qui fut faite dans cette celebre Assemblée. *1.Tom. des Preuves des Lib. c. 14. n. 1.*

Le Pape Eugene IV. fulminant des censures contre le Concile de Bâle, & le Concile contre le Pape, le Roi défendit de publier aucune de ces monitions dans l'Eglise de France.

L'année suivante il fut arrêté par une Declaration du Roi, que les Decrets de la Pragmatique-Sanction n'auroient effet que du jour de la Pragmatique, c'est-à-dire, du jour que la France les auroit reçûs.

L'Evêque de Langres étant décedé, & le Chapitre voulant proceder à l'élection suivant les formes de la Pragmatique, le Pape leur envoya une Bulle portant défense de proceder à aucune élection, attendu qu'il avoit pourvû à l'Evêché : le Roi en ayant eu avis, en fit appeller au futur Concile. Les Appels au futur Concile furent fort ordinaires depuis Charles VI. jusqu'à Louis XII. sous lequel commencerent les Appels comme d'abus. *1453.*

Sous le Regne de Louis XI. nous trouvons plusieurs Ordonnances contre les graces expeditives & contre les exactions de la Cour de Rome.

Louis XII. fit assembler l'Université aux Mathurins sur trois Questions ; sçavoir : Si le Pape de dix ans en dix ans assemblera le saint Concile representant l'Eglise Universelle, & mêmement dès à present, consideré le désordre qui est tout notoire *tam in capite quàm in membris* ? Il fut répondu qu'oui. *1483.*

2°. Si en cas d'une necessité urgente, comme à present, ou après que dix ans seront passez aprés le dernier Concile, le Pape est prié & sommé de ce faire, & s'il est négligent ou differe ; sçavoir si les Princes tant Ecclesiastiques que seculiers, & autres parties de l'Eglise, se peuvent assembler d'eux-mêmes, & s'ils feront le saint Concile representant l'Eglise Universelle, sans être assemblez par le Pape ? Il fut répondu qu'oui.

3°. Si en cas de necessité urgente, comme à present, & aprés dix ans passez, comme dessus, une grande & notable partie de la Chrétienté, comme le Royaume de France, ou le Roi representant icelui, prie, somme & admonête le Pape & les autres parties de s'assembler & pourvoir à la necessité de l'Eglise, si le Pape, ou les autres parties, ou aucunes d'elles sont négligentes, refusantes ou déloyantes d'y venir ; sçavoir si ceux qui se trouveront, pourront celebrer ledit Concile sans les autres, & pourvoir à la necessité de l'Eglise : Il fut répondu qu'oui.

E

Ce Prince fit faire une Affemblée à Orleans, qui fut depuis tranf-feré à Tours, où il y a plufieurs réfolutions importantes fur les droits des Rois contre les entreprifes des Papes, & nommément contre Jules II. & il fit défenfe à fes Sujets de fe pourvoir en Cour de Rome pour quelques affaires que ce pût être.

Ce Pape ayant été fufpendu par le Concile de Pife qui avoit été transferé à Milan, nous voyons un Edit du Roi par lequel il ap-prouve le Décret de la fufpenfion, & enjoint de garder ceux du Concile avec défenfe de fe fervir des Bulles du même Pape.

On fait le Concordat de Leon X. avec François I. qui nonob-ftant l'échec qu'il a donné à nos Libertez, eft pourtant un mo-nument de l'autorité de nos Rois dans l'adminiftration de l'Eglife, puifque les Papes ont reconnu par là que nos Rois avoient droit de contracter fur cette matiere avec eux, & de s'en réferver la connoiffance de l'execution que le Roi a déléguée à fes Sujets.

Il y a un Edit de ce Prince, portant défenfe aux Quêteurs de Pardons étrangers, de publier leurs Pardons fans permiffion fpe-ciale du Roi.

Voici les termes d'un autre : ,, SAVOIR FAISONS, qu'après avoir ,, fait voir dans notre Confeil Privé certains articles de la déter-,, mination & cenfure doctrinale de la Faculté de Theologie, & ,, qu'ils ont été trouvez conformes à la Doctrine, &c. dont Nous ,, fommes Confervateurs, Protecteurs & Executeurs, autant qu'à ,, Nous eft, AVONS AUTORISÉ & AUTORISONS lefdits articles, DE-,, FENDONS à tous nos Sujets de prêcher chofes contraires. ''

En un autre contre les Lutheriens, que ,, les Prélats & leurs ,, Officiaux feront le procès aux Ecclefiaftiques conftituez dans les ,, Ordres facrez, coupables de cette Herefie, & que les Juges Royaux ,, le feront à tous autres foit Laïques, foit Ecclefiaftiques, pour la ,, punition defquels il ne fera pas neceffaire de les dégrader; même ,, qu'à l'égard de ceux qui auront befoin de dégradation, s'ils fe ,, trouvoient chargez d'Herefies, où il y eût un grand blafphême ,, mêlé, que les Officiaux feront tenus de les envoyer aux Offi-,, ciers Royaux, pour être punis comme perturbateurs du repos ,, public. ''

Henry II. modifiant cet Edit, permit aux Ecclefiaftiques d'exe-cuter fans permiffion du Juge feculier les Décrets de prife de corps qu'ils auront décernez ; mais il eft dit qu'il le leur permet ,, par ,, privilége tant qu'il lui plaira, & en ce crime feulement. '' L'Ar-rêt d'enregîtrement ajoute ,, à la charge qu'ils ne pourront con-,, damner en amendes pecuniaires. ''

Les Herefies du fiécle ayant obligé ce Prince de demander à Rome des Inquifiteurs de la Foi, & le Pape ayant envoyé le Bref de cette Commiffion aux Cardinaux de Lorraine, de Bourbon & Châtillon, le Roi leur permit de l'accepter, mais à la charge que ceux qu'ils délégueroient, prêteroient ferment au Roi, & que pour

le jugement des appel'ations dans les Villes où il y auroit Parlement , ils feroient tenus de choifir jufqu'au nombre de dix perfonnes, dont il y en auroit fix pour le moins Confeillers de Cou.s
Souveraines , & que les condamnez feroient mis entre les mains
des Officiers du Roi pour l'execution de leurs Sentences.

Charles IX. fit l'Ordonnance d'Orleans, où il y a un Chapitre *1560.*
entier compofé de XXIX. Articles , par lefquels tous les points
les plus importans de la Difcipline Ecclefiaftique , des Abbeffes ,
des Prieurs, l'âge des Prêtres qu'il régle à trente ans, les Profef-
fions des Religieufes qu'il détermine à vingt & vingt-cinq ans, &c.

La même année il convoqua une Affemblée de l'Eglife Gallicanne *Lettres Pa-*
à Paris , pour avifer ce qui devroit être propofé au Concile Ge- *tentes du 10.*
neral qui fut enfuite tenu à Trente. *Fevr. 1560.*

Les Peres de ce Concile voulurent entreprendre fur les droits *Act. du Conc.*
du Roi ; mais les Députez de Sa Majefté formerent leur oppofi- *de Trent. im-*
tion au Concile, & jufqu'à préfent il n'a été reçû en ce qui con- *primez en*
cerne la Difcipline que fous des modifications de nos Ordonnances. *1607.*

Le Cardinal de Châtillon Evêque de Beauvais étant accufé de *1569.*
crime de leze-Majefté, le Parlement lui fit fon procès par contu-
mace. L'Arrêt le prive de tous fes honneurs & dignitez qu'il tient
du Roi, des fruits & de la poffeffion de fes Benefices, & pour le
délit commun le renvoye à fon Superieur.

Charles IX. fit une Déclaration touchant la nomination aux Pré- *1572.*
latures, les appels comme d'abus, la Jurifdiction Ecclefiaftique, les
Religieux, les Prébendes préceptoriales , les portions congrues, l'im-
preffion des Livres, les collations des Benefices, la réfidence, les
Libertez de l'Eglife, la dégradation des Clercs condamnez , les
dixmes, l'ufurpation des Benefices, les Cenfures Ecclefiaftiques.

Henry III. fit l'Edit de Blois dont le premier Chapitre conte- *1574.*
nant LXIV. Articles, ne concerne que la police de l'Eglife, non
plus que l'Edit qu'il avoit donné trois ans auparavant fur les Remontrances du Clergé , que nous appellons l'Edit de Melun.

Henry IV. ayant ordonné à fes Parlemens de proceder contre
le Nonce qui étoit entré en France fans la permiffion du Roi, pour
fulminer des Cenfures contre ceux qui lui obéiffoient , les Parlemens déclarerent les Bulles abufives, & firent défenfe de les publier fur peine de crime de leze-Majefté ; déclarerent Gregoire XIV.
SE DISANT Pape, ennemi de la paix & de l'union de l'Eglife, du
Roi & de fon Etat, adhérant à la conjuration d'Efpagne & fau-
teur de rebelles ; défendirent à tous Banquiers de faire tenir aucunes Lettres de Banque ni argent à Rome ; ordonnerent que le
Nonce feroit pris au corps & fon procès fait & parfait.

Les défenfes d'aller à Rome ne furent levées qu'en 1596.

Ce qui s'eft paffé depuis ce tems, exige un traité particulier par
bien des raifons.

En voilà pourtant affez pour donner une idée de la part qu'a eue

la troifiéme Race de nos Rois dans l'adminiftration des chofes Ecclefiaftiques.

Ce n'eft point pour diffimuler la Verité, qu'on a paffé fous fi-
lence les exemples que les Ultramontains peuvent oppofer aux no-
tres. Notre objet n'eft point de faire une Hiftoire, mais feulement
de rapporter les faits qui établiffent la part que nos Rois ont eue
dans l'adminiftration des chofes Ecclefiaftiques.

Si on objecte qu'on ne peut pas juger là-deffus du droit qu'ils
y peuvent légitimement avoir, n'ayant entendu qu'une des parties,
on répondra que ce n'eft pas fur le fait que nous voulons établir
le droit, & que cette premiere partie n'eft qu'une préparation &
une introduction à la feconde qui réciproquement fervira d'explication & de dénouëment aux difficultez de la premiere partie.

SECONDE PARTIE·

PREMIERE DISSERTATION·

De la conduite de l'Eglife en general, & de fon partage entre les Puiffances Temporelles.

QUoiqu'on ne doive décider que par les Loix & non par les
exemples, cependant s'agiffant d'un partage entre deux Puiffances Souveraines, dont elles ne font jamais bien convenues, il
ne faut pas efperer de trouver tous leurs differens décidez par les
Loix, d'autant moins que celles que nous avons fur ce fujet, font
fouvent contraires l'une à l'autre : car la Puiffance Spirituelle a fait
fes décifions à fon avantage, de même la Temporelle les fiennes.

Il ne faut donc pas s'arrêter entiérement aux Loix. Il faut tâ-
cher de tirer une Jurifprudence certaine de tous les deux, en tem-
perant l'un par l'autre & rapportant le tout à des principes generaux reçûs par les deux parties.

C'eft un principe general que l'Eglife eft un Corps politique &
myftique tout enfemble. Comme Corps myftique, elle n'a point
d'autre Chef que la Puiffance Spirituelle. Dans le VI. Concile de
Paris il eft dit que ,, fuivant la Doctrine & la Tradition des Peres,
,, le Corps de la Sainte Eglife a été principalement divifé en deux
,, Perfonnes, la Sacrée & la Royale. "

Le Roi a droit dans la conduite de l'Eglife comme Corps myftique, non en qualité de Chef, mais en qualité de Protecteur,
Gardien & Défenfeur. Les Puiffances feroient inutiles dans l'Eglife,
fi la terreur de la Difcipline n'étoit neceffaire ; ce que le Prêtre
ne peut faire par la doctrine de fes paroles.

VI. Conc. de Paris, Can. 3.

Le Royaume

Le Royaume celeste tire souvent ses avantages du terreftre. Si ceux qui sont dans l'Eglise, agiffent contre la Foi & la Difcipline de l'Eglife, ils en sont punis par la severité des Loix que la puiffance des Princes impofe fur la tête des fuperbes, que l'humilité de l'Eglife ne peut exercer.

Le droit du Roi fur l'Eglife comme Corps politique eft plûtôt fur l'Eglife & dehors de l'Eglife, que dans l'Eglife ; mais le droit du Roi comme Protecteur eft dans l'Eglife même.

Le premier eft un droit perpetuel, parce que le droit de la Monarchie ne fouffre point d'interruption dans le Corps politique ; au contraire l'exercice du fecond ne lui eft accordé que quelquefois.

Ce droit de protection eft different de celui que le Roi a fur l'Eglife comme Corps politique. Cela eft d'autant plus important à remarquer, que cette diftinction bien conçûe, on trouvera que la plûpart des difficultez de cette matiere ne proviennent que de la confufion qu'on fait d'ordinaire de ces deux differens droits, dont la feule diftinction eft capable de décider toutes les queftions à ce fujet.

Les droits du Roi dans l'Eglife comme Protecteur, s'entendent par le mot, PROTECTEUR : car comme on donne des Tuteurs ou Curateurs aux enfans dans les chofes qu'ils ne font pas capables de faire d'eux-mêmes ; ainfi le Fils de Dieu a voulu que fon Eglife eût la fimplicité &, felon le monde, la foibleffe des enfans ; il lui a donné les Rois comme Tuteurs pour la protéger & la fecourir dans toutes les chofes où elle n'eft pas capable de fe défendre par fes propres forces.

De là il réfulte que le Roi a feul fur l'Eglife, comme Corps politique, le droit de l'adminiftration fouveraine ; & quand il s'agit de l'Eglife comme Corps myftique, c'eft-à-dire feulement par rapport à la gloire de Dieu & au falut des ames, le Roi n'a que le fimple droit de Garde & de Protection.

Cela étant, il eft aifé de voir auquel cas l'Eglife a befoin de protection, & ceux où elle n'en a pas befoin, à moins que l'interêt de l'Eglife ne fe trouve tellement mêlé du Spirituel & du Temporel qu'il fût impoffible de les féparer, ou que tous les deux fuffent oppofez, ce qui arrive quelquefois, comment faire en ces occafions, où deux Puiffances fouveraines également jaloufes de leurs droits, ne peuvent fouffrir de compagnon ?

Outre ces difficultez, il y en a d'autres fur les droits qui appartiennent aux Rois comme Protecteurs du Corps myftique.

Dans les premiers fiécles du Chriftianifme où l'Eglife dans le berceau avoit la foibleffe & la fimplicité des enfans pour le Temporel, quoique dans le Spirituel fa force & fa fageffe fuffent parfaites, on connoiffoit aifément les occafions où elle avoit befoin de la protection des Rois. Mais aujourd'hui qu'elle eft parvenue, non à une plus grande protection fpirituelle, mais à une plus grande

C

force temporelle ; il arrive que ceux qui la gouvernent , croyent que non feulement ils n'ont pas befoin de la protection des Rois, mais que les Rois font fous la leur , & que la Puiffance Spirituelle eft la Souveraine difpenfatrice des Royaumes même.

D'un autre côté il s'eft trouvé des Princes fi injuftes , qu'aujourd'hui que l'Eglife n'eft plus fous le joug du Paganifme , & qu'elle peut par elle-même fe défendre , ils voudroient néanmoins faire étouffer fon autorité par la leur , & lui faire de leur droit de protection une fervitude.

Ces deux extremitez également injuftes caufent tous les défordres.

Voyons quels font les principes qui peuvent fervir à la décifion de ces difficultez.

Nous ne voyons que deux natures de differends à accommoder.

La premiere à caufe des droits des Rois fur l'Eglife comme Corps politique. La feconde à caufe de leurs droits de protection comme Corps myftique.

Ces differends naiffent de ce que les interêts, comme Corps politique & comme Corps myftique , font mêlez. Or, ou ils tendent à même fin, ou ils font oppofez.

S'ils tendent à même fin , leurs Loix doivent s'accorder , foit qu'elles faffent féparément ou conjointement chacune dans fon reffort.

Si les objets font oppofez , voici comme S. Auguftin s'en explique. Ou il s'agit d'une chofe de neceffité au falut , ou non. Neceffité au falut eft tout ce qui eft de commandement Divin & de Foi. Tout ce qui n'eft point de commandement Divin & de Foi, mais qui tend feulement à une grande perfection , n'eft point de neceffité abfolue au falut. Mais ce qui eft de commandement Divin ou de Foi, eft de neceffité au falut , & en ce cas point d'interêt , point de Loi de l'Etat qui puiffe entrer en comparaifon avec la neceffité au falut, qui eft l'unique neceffité. Mais s'il s'agit d'une chofe qui ne foit point de neceffité au falut, & qui ne tende qu'à une plus grande perfection , elle doit ceder aux Loix & aux necef. fitez de l'Etat, parce qu'elles font feulement de confeil , & que les Loix de l'Etat font d'exprès commandement de Dieu & d'obligation pour le falut. Donc les Loix du Prince qui ne font point contraires au commandement de Dieu , font préferables à celles qui ne tendent qu'à une plus grande perfection. Donc, &c. à moins que les interêts de l'Eglife & de l'Etat ne fuffent égaux ; auquel cas l'interêt, pour ainfi dire, de Dieu doit l'emporter. Par exemple , il eft de neceffité de falut que l'Evangile foit annoncé ; donc s'il fe pouvoit faire qu'il fût de l'interêt de l'Etat qu'il ne fût point prêché , le Prince ne pourroit l'emporter légitimement. Mais il n'eft pas de neceffité de falut que l'Evangile foit prêché par un tel plûtôt que par un autre, dans un tel lieu , à une telle heure ; cependant s'il fe peut faire que l'Etat ait un notable interêt qu'un tel Prédicateur ne prêche pas , qu'il ne prêche pas dans un tel quartier de la

(23)

Ville, parce que c'eſt le quartier des Heretiques, où cela paroît ex-
citer une rumeur, enfin qu'il ne prêche pas à une telle heure, parçe
qu'il importe au Public qu'à cette heure le peuple ne ſoit point diſ-
trait de ſon travail. Donc le Roi a le pouvoir de régler le choix du
Prédicateur, le lieu & le tems de la Prédication.

Autre exemple. Il eſt de neceſſité au ſalut qu'il y ait des Prêtres ;
ainſi quand il ſeroit de l'intérêt de l'Etat d'abolir le Sacerdoce dans
le Royaume, le Roi ne le pourroit faire légitimement ; mais il n'eſt
pas de neceſſité qu'un tel ou un tel ſoit Prêtre, il peut être important à l'Etat qu'un tel ou un tel ne ſoit point Prêtre. Par exemple,
un Eſclave qui veut par là ſe ſouſtraire à ſon Maître, un Vaſſal à ſon
Seigneur, un Débiteur à ſes Créanciers, ou même un Sujet au ſervice qu'il doit à ſon Maître, en pareil cas le Magiſtrat peut empêcher ce particulier de ſe faire Prêtre, ſuppoſé qu'il fût plus préjudiciable à l'Etat, qu'utile à l'Egliſe de le lui permettre.

La difficulté eſt de ſçavoir qui ſera Juge de cet intérêt, & à laquelle des deux Puiſſances le droit de décider en appartiendra. Si c'eſt
au Prince, on le rendra maître de tous les intérêts de l'Egliſe : ſi c'eſt
à la Puiſſance Spirituelle, on la rendra maîtreſſe du Temporel des
Monarchies, parce qu'elle n'aura qu'à dire qu'il y va de l'intérêt de
l'Egliſe & du ſalut des hommes pour faire tout ce qu'elle voudra
établir.

C'eſt ſous ce prétexte que ſous la troiſiéme Race de nos Rois, les
Papes ſe mirent, peu s'en fallut, en poſſeſſion de diſpoſer de tous les
Royaumes de la Chrétienté. Quand Boniface VIII. enjoignit à Philippes le Bel de poſer les armes en faveur du Roi d'Angleterre, il
diſoit : ,, Il s'agit de la concorde entre les Princes Chrétiens ; il s'a-
,, git du précepte de la charité, le plus important de tout le Chriſ-
,, tianiſme ; qu'y a-t'il qui regarde plus le ſalut des ames, qu'une
,, guerre juſte ou injuſte ? Il y va donc de l'intérêt de l'Egliſe ; c'eſt
,, au Pape Chef de l'Egliſe à juger de cet intérêt, & au Roi de lui
,, obéir avec ſoumiſſion.

Nous voyons aujourd'hui que la Cour de Rome renouvelle ſa chi-
merique prétention par la Legende de Gregoire VII. Nous n'en dirons pas davantage ſur les conſequences ; cette matiere vient d'être
traitée d'une maniere qu'on n'y peut rien ajouter.

Mais cependant quel temperamment prendre ; car il faut que quelqu'un décide ; & n'y ayant pas de Puiſſance au-deſſus, il faut que ce
ſoit ou l'une ou l'autre, ou toutes les deux enſemble. Toutes les deux
enſemble, cela ſeroit à ſouhaiter ; mais le moyen qu'elles s'accordent
quand leurs intérêts ſont oppoſez. Or il faut dire que dans toutes les
choſes mixtes, c'eſt-à-dire, où l'Egliſe & l'Etat prennent intérêt,
mais dans leſquelles il ne s'agit point de la Foi, le Magiſtrat politique eſt le ſouverain arbitre de l'intérêt de l'Etat ; c'eſt à lui à juger ſi
l'intérêt de l'Etat eſt tel qu'il doive prévaloir ou ceder aux beſoins
ou aux intérêts de l'Egliſe : la raiſon eſt, que comme en tout ce qui

eſt de Foi, l'Etat eſt ſubordonné à l'Egliſe, de même en tout ce qui n'eſt point de Foi, l'Egliſe eſt ſubordonnée à l'Etat, Dieu n'ayant établi que ces deux ſortes d'Ordres, le naturel & le ſurnaturel, l'un pour les choſes humaines, & l'autre pour les divines. Hors la Foi, tout eſt naturel & humain ; le membre doit obéir au Chef, l'Egliſe eſt un membre de l'Etat, donc, &c. Ne ſeroit-il pas contraire à la juſtice de Dieu d'avoir rendu les Princes reſponſables de la conduite de leurs Etats, s'il leur ôtoit la liberté d'ordonner les choſes neceſ-ſaires à leur conſervation, quand elles ne ſont pas contraires à ſes commandemens.

Quel déſordre, par exemple, ſi les Princes pour la conſervation de leur Etat, étant obligez de prendre les armes, la Puiſſance ſpiri-tuelle, ſous prétexte de l'interêt que l'Egliſe prend à la paix entre les peuples, avoit droit d'enjoindre aux Rois de mettre bas les ar-mes, & faute d'obéir, de fulminer des Cenſures.

Il eſt vrai que la Puiſſance ſpirituelle, reſponſable du ſalut des ames, doit s'oppoſer à tout ce qui pourroit être contraire à leur ſa-lut ; mais il y a deux manieres d'agir & de s'oppoſer, l'une du Sou-verain, l'autre du mediateur. Il y a des cas où l'Egliſe doit agir en Souveraine, & d'autres comme mediatrice. En matiere de Foi, elle doit agir en Souveraine, & hors de la Foi, comme mediatrice. Il eſt vrai que les Rois peuvent commettre des abus, mais Dieu l'a prévû, & c'eſt ce qui a donné lieu à Gregoire de Tours de dire : ,, Sire, ſi ,, nous manquons, vous nous jugez ; ſi vous manquez, qui vous ju-,, gera, ſinon celui qui eſt la ſouveraine Juſtice ?

Yves de Chartres dit la même choſe dans une de ſes Lettres, à la fin de laquelle il dit, que ſi le Prince reçoit dans ſes bonnes graces ou à ſa table un excommunié, les Prêtres ni le peuple ne feront point de difficulté de le recevoir à la converſation.

Cela paroît cependant injuſte, le Roi n'ayant pas la puiſſance d'ab-ſoudre de l'excommunication ; mais c'eſt que dans un Etat Chrétien, on ne peut retrancher l'homme de la communion des Fideles, ſans le retrancher de la ſocieté civile ; donc c'eſt un de ces actes mixtes où le corps politique & le corps myſtique ſont intereſſez tout à la fois. Or cette ſeparation par l'excommunication n'étant pas une choſe de commandement neceſſaire au ſalut, n'étant qu'un des actes de diſcipline qui tendent ſeulement à une plus grande perfection, & qu'au contraire il peut être de conſequence à l'Etat que tel excom-munié ſoit admis à la participation de la Société civile : c'eſt pour cela que les Loix ont décidé, ſuivant nos principes, qu'en ce cas-là le Roi pouvoit communiquer avec un excommunié, & par la com-munication, le faire rentrer dans la communion de l'Egliſe, non pas qu'il le puiſſe impunément à l'égard de Dieu, s'il n'en a une cauſe légitime ; mais il eſt juge de l'importance & de la neceſſité de cette cauſe devant les hommes, à la charge d'en répondre à Dieu ſeul.

Voyons

Voyons quels font les principes fur la conduite de l'Eglife comme
Corps myftique fur laquelle le Roi n'a droit que comme Protecteur.
Servons-nous pour cela des termes du Canon 3. du fixiéme Concile
de Paris : *Les Princes du fiecle tiennent quelquefois le premier rang dans l'E-*
glife, quelquefois ; mais quand ? Cela s'accorde-t'il avec ce que difoit
l'Empereur Conftantin, qu'il n'étoit Evêque qu'au dehors de l'Eglife ?

Il faut obferver qu'une chofe peut être appellée exterieure a l'é-
gard de l'Eglife, en trois manieres : 1°. par rapport à l'interieur qu'on
appelle Sanctuaire, dans lequel eft renfermée la Doctrine des Myfteres ; en un mot, le tréfor des chofes facrées : 2°. par rapport au fond
du Tribunal interieur : 3°. par rapport à l'Eglife en general, foit
prife materiellement pour les Temples, foit myftiquement pour l'Affemblée des Fideles.

Au premier & fecond fens, le Prince n'a d'autorité que dans l'exterieur de l'Eglife ; c'eft ainfi qu'Ofias étant entré dans le Sanctuaire
pour offrir les parfums, en fut puni ; de même qu'Ofée, pour avoir
touché à l'Arche, n'étant pas permis aux Laïcs de toucher aux chofes facrées, non plus que d'exercer l'empire des Clefs dans l'interieur des confciences.

Mais c'eft au dernier fens que notre Decret veut dire qu'ils tiennent
quelquefois le premier rang au-dedans de l'Eglife ; ce qui arrive dans
l'exercice du droit de protection.

Notre texte va plus loin ; il dit le premier rang de la puiffance
qu'ils ont acquife, d'où il faut conclure que ce droit, quoique de
devoir & d'obligation aux Rois, eft pourtant un droit de Souveraineté ; car qu'eft-ce que la puiffance qu'ils ont acquife, finon l'autorité Souveraine, enforte que tout ce qu'ils font dans l'exercice de
leur droit de Garde & de Protecteur, ils le font immediatement de
toute puiffance Souveraine & humaine ? Si une puiffance fuperieure
pouvoit leur réfifter, ils ne tiendroient pas le premier rang dans l'E-
glife ; car, comme dit la Loi, nous n'appellons premier que ce qui
n'eft precedé par aucun autre.

Mais y a-t'il donc deux Chefs dans l'Eglife comme Corps myftique ? Non : l'Eglife myftique n'a qu'un Corps, elle n'a qu'un Chef ;
mais outre ce Chef, elle a un Protecteur ; & la difference entr'eux,
eft que le Chef a une Souveraineté perpetuelle dans l'Eglife, & que le
Protecteur ne l'a que quelquefois. Le Chef la gouverne par des Loix
qu'il prend immediatement de Dieu, le Protecteur fait les fiennes
fur le modele du Chef. Le Chef commande pour fe faire obéir, le
Protecteur pour faire qu'on obéiffe au Chef. Ce n'eft pas fon autorité propre, ce n'eft que celle de la puiffance fpirituelle qu'il a en
vûe, & c'eft ce que dit notre Decret, *afin de munir par cette puiffance*
la Difcipline Ecclefiaftique. Sur quoi il faut remarquer, qu'il ne dit pas
la Doctrine, mais *la Difcipline Ecclefiaftique.* Pour entendre cela, il
faut fçavoir qu'il y a deux chofes par lefquelles toute l'Eglife fe conduit ; la Doctrine & la Difcipline Ecclefiaftique.

G

La Doctrine est la science des choses Divines, c'est la boussole du Vaisseau sacré, c'est le flambeau qui eclaire toute l'Eglise ; il y en a de deux fortes, d'écrite & de non ecrite : l'écrite consiste dans les saintes Ecritures, la non écrite, dans la Tradition des Peres. L'une & l'autre sont d'institution Divine, ainsi elles ne relevent point de l'autorité des hommes, & ils ne peuvent rien y ajouter.

La Discipline est l'art de dispenser & d'administrer la Doctrine, & generalement toutes les choses Ecclesiastiques : celle-ci est de l'invention humaine ; elle consiste aux Loix & aux Canons, par lesquels la prudence des hommes a pourvû aux necessitez de l'Eglise.

Notre Canon ne dit pas que les Princes puissent faire cette Discipline, comme d'inventer un culte, de nouvelles ceremonies, de nouvelles manieres de prier, cela n'appartient qu'a la Puissance spirituelle ; mais il dit qu'ils la peuvent *manir*, c'est-a-dire, que les Loix essentielles de la Discipline Ecclesiastique étant faites, le Roi comme Protecteur peut suppléer ce qui manque. Il parle de la *Discipline*, parce que les Loix y peuvent suppléer, & non a la Doctrine lui laquelle ils n'ont aucun droit.

Je dis suppléer par les termes de notre Canon : *Les Puissances ne seroient point necessaires au dedans de l'Eglise, si ce n'étoit pour y suppléer par la Doctrine.* Ces paroles éclaircissent notre sujet. Voila le partage entre le Chef & le Protecteur de l'Eglise mystique bien expliqué. Le Prêtre a la parole de la Doctrine, & le Protecteur a la terreur de la Discipline.

Il semble que le Canon ne donne en partage aux Prêtres que la Doctrine, & la Discipline entiere aux Princes ; il n'en est cependant pas ainsi, & il est certain qu'ils ne partagent entre eux que ce qui est de la Discipline : donc il faut dire qu'il y a deux fortes de Discipline, l'une qui dépend de la parole de la Doctrine, l'autre qui dépend de la terreur de la Discipline.

Quoique la Doctrine & la Discipline Ecclesiastique soient differentes, elles ont cependant ce rapport entre elles, que la Doctrine ne peut être administrée que par le moyen de la Discipline, & que la Discipline ne peut agir surement qu'à la faveur de la Doctrine. La boussole seroit inutile sans l'art de s'en servir, & l'art est inutile sans la boussole ; mais comme en certaines rencontres ni la boussole, ni l'art de s'en servir ne suffiroient pas sans le secours de quelque force plus puissante ; ainsi dans la conduite du Vaisseau de l'Eglise, il y a des occasions où l'art de se servir de la Doctrine se trouve impuissant pour la gouverner, & où il faut avoir recours à des forces plus sensibles.

L'instrument & l'organe naturel de la Doctrine, est la parole : & en effet, Jesus-Christ ne gouverne son Eglise que par la parole de la Doctrine ; de là vient que ce Concile appelle l'autorité des Prêtres dans la Discipline Ecclesiastique, la parole de la Doctrine, & que les Apôtres disent aux Actes, qu'ils sont passez au ministere de la parole. Au contraire, on appelle terreur de Difcipline celle qui appartient aux Rois, parce qu'elle ne leur appartient que pour intimider par leur puiffance ceux qui n'obéiffent pas à la parole. Voilà le partage des deux Puiffances bien expliqué.

Toutes les parties de la Difcipline qui dépend de la Doctrine, & qui peut s'executer par la parole, appartient aux Prêtres.

Mais tout ce qui eft indépendant de la Doctrine, ou qui étant dépendant, ne peut être exécuté ni maintenu par la parole, doit être fuppléé par la terreur de la Difcipline.

Il faut pourtant remarquer que quand notre texte dit : *Ce que le Prêtre ne peut, c'eft-à-dire, qu'il ne peut,* foit par un défaut de volonté, foit par défaut de puiffance.

Le Protecteur de l'Eglife fupplée en quatre occafions & en quatre manieres au défaut de la Puiffance fpirituelle. 1°. Si ceux qui font dans l'Eglife agiffent contre la Loi & la Difcipline de l'Eglife, ils en feront punis par la feverité des Loix : de là tant d'exemples de la connoiffance que les Empereurs ont pris de la Foi, non pour la réformer, comme vouloit faire Clotaire, car cela ne lui appartenoit pas ; mais pour la défendre & pour en punir les infracteurs : de là vient qu'un Conftantin, un Childebert ont demandé compte de leur Foi, non feulement à des particuliers, mais à des Evêques & à des Papes, même lorfqu'elle leur a été fufpecte : de là nous avons vû un Charles VI. fe fouftraire à l'obéiffance d'un mauvais Pape : de là tant de Loix pour la punition des Heretiques, des mauvais Prêtres & des Evêques. 2°. Si l'on n'a pas le refpect qu'on doit avoir pour les ordres de l'Eglife, le Prince les a fortifiez des fiens : de là tant d'Ordonnances des Empereurs & des Rois fur les décifions les plus importantes de la Foi, & qu'ils ont fouvent fait paffer les décifions des Conciles par l'autorité de leurs Edits, ils ne prétendoient pas décider de la Foi, ce n'étoit que pour donner force & autorité a l'Eglife dans la difpenfation de la Doctrine. 3°. Ils veillent à la confervation de la paix dans l'Eglife quand elle eft brouillée. 4°. Si la Difcipline eft négligée, ils empêchent le relâchement, comme dit notre Canon, foit que la paix & la Difcipline foient augmentées, foit qu'elles fouffrent du relâchement, c'eft au Prince d'en rendre compte.

De là viennent les fommations & les inftances que nos Rois ont fouvent faites, tantôt aux Evêques, tantôt aux Papes, d'affembler des Conciles ou Provinciaux ou Univerfels : de là ceux qu'ils ont convoqué eux-mêmes au refus des Ecclefiaftiques : de là tant de Loix, &c.

Voilà les quatre effets de la protection du Roi au dedans de l'Eglife. 1°. Il y punit ceux qui l'attaquent : 2°. il y fait refpecter ceux qui la méprifent : 3°. il y maintient la paix : 4°. il y empêche le relâchement de la Difcipline.

L'Eglife eft un Navire de Voyageurs que Dieu a commis à la conduite d'un Pilote pour préfider à la navigation, & d'un Capitaine pour veiller à la fureté & à la défenfe du Vaiffeau. Quand tout eft paifible dans le Vaiffeau, le Capitaine n'a rien à faire ; mais s'il paroît des adverfaires au dehors, s'il furvient quelque rumeur en dedans, les Matelots ou le Pilote lui-même prévariquent-ils, ou fe relâchent-ils de leur devoir, alors le Capitaine a la terreur & la difcipline en main pour remedier à tout ; c'eft à lui à défendre le Vaiffeau des ennemis de dehors, de faire au-dedans qu'on obéiffe au Pilote, que la paix & la difcipline y foient confervées, & d'empêcher enfin que ceux qui doivent agir, & le Pilote lui-même, ne fe relâchent.

SECONDE DISSERTATION.

De l'autorité du Roy touchant l'adminiftration de la Foy.

L'Adminiftration dans l'Eglife eft renfermée dans quatre chofes, la Doctrine, le Culte, les Miniftres, & les biens de l'Eglife.

La Doctrine qui nous apprend qu'il y a un Dieu, & qui il eft, & ce que nous lui devons.

Le Culte par lequel nous lui rendons ce que la Doctrine nous enfeigne de notre devoir.

Les Miniftres par l'entremife defquels nous fommes inftruits de la Doctrine, & exerçons ce qu'il y a de plus facré dans ce Culte.

Enfin les biens deftinez à la nourriture des Miniftres & des Pauvres.

Si l'on confidere la Doctrine de l'Eglife en foy, elle eft indépendante des Rois ; mais à la confiderer dans l'exercice de fon adminiftration, il faut obferver que la Doctrine de l'Eglife n'eft autre chofe que la Foi. Elle confifte ou en Myfteres ou en Commandemens qui dépendent d'une adminiftration, c'eft-à-dire qu'il n'eft befoin que d'en inftruire les peuples, de faire qu'ils en foyent bien perfuadez.

Les Sacremens demandent outre l'inftruction & le refpect, d'être corporellement adminiftrez pour communiquer la grace dont ils font le figne ; mais cette deuxiéme adminiftration concerne plûtôt le Culte : ainfi on la renvoye au Chapitre du Culte, & nous ne traiterons ici que de la Difcipline commune à tous les trois, & qui concerne l'inftruction des peuples qui confifte en trois chofes, 1°. qu'on leur explique la Doctrine, 2°. qu'on en condamne les erreurs, 3°. qu'on en puniffe les contraventions.

Dans l'explication de la Doctrine, il y a bien des chofes à diftinguer ; car ou elle s'explique dans les Chaires ou dans les Livres. Il y a deux fortes de Chaires, celles des Eglifes pour les Prédicateurs, & celles des Univerfitez pour les Régens.

Les

Les Prédicateurs doivent avoir miſſion, & les Régens leur inſtruction & leurs Livres, leur approbation.

La premiere idée ſuperficielle eſt que cela ne regarde que le Corps myſtique, & cependant le Prince a droit ſur pluſieurs de ces choſes, non ſeulement comme Protecteur, mais encore comme Magiſtrat politique.

La miſſion des Prédicateurs eſt du for interieur ; mais ſi la Puiſſance Spirituelle n'a pas l'attention qu'elle doit avoir, le Prince s'en doit mêler en qualité de Protecteur. De là vient que Charlemagne enjoignit aux Évêques de prêcher dans leurs Cathedrales dans un certain tems, à peine d'être privez de leurs Evéchez. C'eſt de là que dans les Capitulaires il préſcrit les matieres aux Prédicateurs. De là nos Ordonnances défendent la Chaire aux condamnez ou ſuſpects d'hereſie; & de plus ſi la miſſion eſt donnée à un ſeditieux, le Prince a droit de l'interdire comme Magiſtrat politique, parce que quoiqu'il ſoit de neceſſité au ſalut que la parole ſoit annoncée, il n'eſt pas de neceſſité que ce ſoit par un tel ou un tel, au lieu qu'il eſt de neceſſité au bien de l'Etat que ce ne ſoit point par un ſeditieux.

De là les Ordonnances qui défendent aux Prédicateurs ſur peine de la hart, de ſe ſervir de paroles ſcandaleuſes ou tendantes à émotion, &c.

Quant à l'impreſſion des Livres qui concernent la Religion, il appartient à l'Egliſe d'en approuver ou d'en cenſurer la Doctrine; mais le Prince a droit comme Protecteur, d'en procurer l'approbation ou la cenſure, ſi la Puiſſance Spirituelle le néglige, & en qualité de Magiſtrat politique, il a droit de les admettre ou de les exclure, ſelon qu'ils contiennent une Doctrine utile ou pernicieuſe au bien de l'Etat. De là vient que ni Livres, ni Ecrits, ni Bulles même ne peuvent être reçûes en France, qu'avec l'agrément du Prince. De là tant d'Ordonnances touchant l'impreſſion des Livres; de là ces Priviléges de la Chancellerie ; de là Louis le Débonnaire enjoignit de traduire l'Ecriture Sainte en Langue Vulgaire pour être entenduë du ſimple peuple, ce qu'il faiſoit en qualité de Protecteur, pour ſuppléer au défaut d'inſtruction que l'ignorance & la négligence des Prêtres déroboient à ſes Sujets.

Outre l'explication de la Foi, il faut en purger les erreurs : c'eſt à l'Egliſe à les décider, comme dépendans de la parole de la Doctrine; mais c'eſt au Roi à procurer ce diſcernement & la condamnation des erreurs, quand l'Egliſe ne le fait pas, non ſeulement comme Protecteur, mais même comme Magiſtrat politique à cauſe du ſcandale & du déſordre qui pourroient naître dans ſon Etat.

Tantôt ils ont fait examiner la Doctrine par les Prélats ou par l'Univerſité, autoriſant enſuite leurs déciſions par les Edits & Déclarations, & les faiſant homologuer par Arrêt du Parlement. Nous en avons vû de celebres exemples ſous Philippes de Valois, Louis XII. & François I.

H

Tantôt ils ont envoyé les difficultez au Pape, au jugement du-
quel ils ont obligé les partis de s'en rapporter ; mais la meilleure
& la plus ancienne voye est celle des Conciles que les Rois ont pro-
voqué ou même convoqué. Ce point important demande une dif-
cussion particuliere.

La tenue des Conciles est de la Jurisdiction de l'Eglise, principalement quand ils sont convoquez sur les doutes & les erreurs
de la Foi. S'agissant de l'interpretation des Saintes Ecritures, il
n'appartient qu'au Législateur d'interpreter la Loi ; la Doctrine de
la Foi étant l'ouvrage de Dieu, elle ne peut être interpretée que
par son Saint Esprit. Ainsi les Apôtres & les Prêtres n'appellerent
point les Puissances Temporelles à la décision de ces premieres difficultez touchant la circoncision des Gentils, qui donnerent lieu au
premier Concile ; ils n'y appellerent que l'Esprit de Dieu, & si la
même charité regnoit encore aujourd'hui, il ne seroit pas besoin
d'y appeller un autre Esprit ; mais les passions humaines n'écoutant
plus l'Esprit de Dieu, il faut avoir recours à des Puissances étran-
geres pour les réprimer. Voilà l'origine de l'autorité dont les Princes ont joüi dans cette partie de la Discipline. Nous avons vû dans
les premiers siécles des Conciles tenus, convoquez, séparez par les
Empereurs. Leurs Officiers, les Rois y ont présidé, décidé, pro-
noncé, quoique tout cela soit en soi spirituel ; mais ils ne s'en sont
mêlez que comme Protecteurs.

Il faut distinguer trois tems, celui de leur convocation qui les précede, celui de leur tenue qui les accompagne, & celui de leur sepa-
ration qui les suit.

Dans le tems qui précede, il en faut faire la convocation, qui
consiste en plusieurs choses ; en joindre l'Assemblée, choisir les personnes, distinguer le tems & les lieux.

Dans le tems de la durée, il y a l'ordre, le rang, le jour des
Séances, le choix & la proposition des matieres, le droit d'examiner,
de prononcer & de décider.

Dans le tems qui suit les décisions, nous trouvons la necessité de
publier les Conciles, d'en faire executer les Canons & les Jugemens.

Pour connoître le droit des Rois, on verra qu'il n'y a presque pas
une de ces Ceremonies dont les Princes ne se soient mêlez. Les Cons-
tantins, les Theodoses, nos Rois de la premiere & seconde Race, ont
convoqué les Conciles, ont choisi les tems, les lieux, & quelquefois
les personnes.

Dans la tenue des Conciles, les Officiers des Empereurs regloient
l'ordre, les rangs & les jours des Séances. Nos Rois de la premiere
& seconde Race ont prescrit les questions & les matieres. Charlemagne disputa sur l'heresie dont il s'agissoit au Concile de Francfort.
Carloman & Pepin presenterent, prononcerent & déciderent aux Conciles de Septimes & de Soissons. Dans le Concile de Constantinople,
Constantin condamna l'heresie d'Aëtius par l'avis de son Conseil &

de vingt Evêques. Theodofe décida feul, pour ainfi dire, par infpi-
ration, la difpute des Ariens & des Catholiques fur un des plus importans articles de notre Foi. Leomart fepara le Concile de Seleucie
par l'ordre de l'Empereur. Ce font les Princes qui les font publier &
executer dans leurs Etats : de là il ne faut pas conclure que les Princes foient les maîtres des Conciles. Nous allons voir leurs droits légitimes, fans entreprendre fur l'autorité de l'Eglife ; & en diftinguant
les occafions, les tems & les lieux, nous en verrons les confequences
légitimes.

1°. A l'égard de la convocation des Conciles dans les premiers
fiecles, l'autorité des Papes n'étant pas univerfellement établie, ils
ont eu befoin des Princes pour obliger les Evêques & les Prêtres à
obéir. Baronius dit qu'il ne doute pas que les Empereurs ne commu-
niquaffent avec les Evêques, & qu'ils les affembloient peut-être à
leur follicitation, quoique les Hiftoriens ne le difent pas. La négligence, la malice & la prévarication des Prélats de les refufer aux né-
ceffitez de l'Eglife, a obligé les Princes d'y fuppléer par la terreur de
la Difcipline. C'eft ce que l'Univerfité a décidé fous Louis XII. D'ail-
leurs la Loi politique défend les Affemblées dans un Etat fans la permiffion du Prince. Les Loix du Royaume ne fouffrent pas que les
Prélats en puiffent fortir fans fon congé. C'eft pour cela que le Roi,
comme Souverain eft Maître des tems & des lieux, fi le Concile fe
tient dans fes Etats, & fi c'eft dans un Pays Etranger, il peut récu-
fer ceux qui lui font incommodes ou raifonnablement fufpeéts. C'eft
par là qu'il faut concilier les differens traits de l'hiftoire de Conftantin, Theodofe & Charlemagne, qui ont convoqué tant de Conciles, & de Valentinien, qui répondit qu'il ne lui appartenoit pas
de fe mêler de ces chofes. Ils ne doivent pas s'en mêler quand la
neceffité de l'Eglife ni de l'Etat ne le requerent pas, *fecùs contrà*. Si
dans le Concile les chofes fe paffent avec juftice, les Princes n'ont
que le droit de prefence pour en être témoins : mais quand il y a des
brigues, &c. la terreur de la Difcipline, &c.

Dans les Conciles il s'agiffoit quelquefois des biens & du temporel
des Eglifes, des biens, de l'honneur & de la vie des perfonnes, comme aux Conciles de Carthage & de Tyr, dans les caufes de Cecilien
& d'Athanafe, quelquefois des affaires des Seculiers & des Laïcs ; ces
points appartiennent au Magiftrat politique : ainfi les deux Puiffances ont pû préfider & ordonner chacune dans fon reffort.

Pour ce qui fuit les Conciles, les Princes les peuvent feparer comme Proteéteurs de la Difcipline Ecclefiaftique, quand ils voyent les
partis formez contre le bien de l'Eglife ; & comme Magiftrats politiques, quand il s'y fait des negociations fufpectes à l'Etat : ils les font
publier, &c. tantôt comme Proteéteurs, tantôt comme Monarques,
pour rejetter ce qui eft contraire aux interêts de leurs Couronnes &
de leurs Sujets. De là le principe de nos Libertez, que les Conciles
n'ont point force de Loi en France, qu'ils n'ayent été expreffément

acceptez par nos Rois ; ce qui s'entend de la Discipline ; car ce qui
est de la Foi , n'a besoin que d'être connu pour obliger.

Ils peuvent, comme Rois & comme Protecteurs, casser & annuler
tout ce qui s'est fait contre les Loix Civiles & Canoniques: c'est ce
que fit Constantin au Concile de Tyr contre S. Athanase , & Theodose
au Concile d'Ephese. Il faut cependant distinguer si les Conciles ont
été tenus dans leurs Etats contre les dispositions des Loix., ils y ont
une Jurisdiction Souveraine ; si hors de leurs Etats ils peuvent ou le
refuser ou en appeller à un autre Concile légitime , protester contre,
ou faire déclarer abusif ce qui a été abusivement déterminé contre
les Loix de leur Etat.

Enfin ils peuvent en faisant publier les Conciles , établir des peines contre les contrevenans , pour munir la parole de la Doctrine
par la terreur de la Discipline.

Ils peuvent conserver les originaux des Conciles , pour empêcher
qu'ils ne soient détournez ou alterez. Pasquier remarque que dans la
premiere & seconde Race , les Rois les conservoient dans les Archi-
ves de leurs Palais.

Ils doivent maintenir l'execution des Loix Ecclesiastiques ; ainsi
c'est à double titre que les Rois punissent les contrevenans à la Doctrine de l'Eglise , & qu'ils condamnent les heretiques après que l'E-
glise a condamné l'heresie.

Il faut distinguer les peines. Les spirituelles ; sçavoir, les penitences & les excommunications sont ordinairement du ressort de la
Puissance spirituelle., & le Roi n'y a inspection que comme Protecteur ; cependant, comme Magistrat politique, il doit veiller à ce
qu'on ne s'en serve point pour entreprendre indirectement sur le temporel de l'Etat, & troubler mal à propos la conscience des peuples ,
ni les Officiers dans l'exercice de leurs Charges. De là les Loix dans
les Capitulaires sur les penitences publiques , dans nos Ordonnances,
pour empêcher le mauvais usage des excommunications : de là tant
d'Arrêts qui ont declaré plusieurs excommunications abusives, ou qui
en attendant le Jugement comme d'abus , ordonnent qu'il sera donné
aux Appellans des absolutions à cautele, c'est-à-dire , des absolutions provisoires.

Quant aux peines temporelles , il n'appartient qu'au Roi de les
ordonner, soit comme Protecteur , par la terreur de la Discipline,
soit comme Magistrat politique, le Roi ayant l'autorité sur le corps
& les biens de ses Sujets.

En qualité de Protecteur, il punit les Heretiques comme coupables
d'une mauvaise Doctrine : de là les Declarations de François I. &
d'Henri II. touchant les Heresies de leur siecle.

TROISIE'ME

TROISIÉME DISSERTATION

De l'autorité du Roy dans la Discipline qui concerne le Culte Ecclesiastique.

IL y a un Dieu, d'où naît la necessité d'un Culte. On ne peut con-noître un Dieu sans le servir & l'adorer, & c'est en cela que con-siste le Culte; l'un est interieur, & l'autre est exterieur. L'interieur consiste à adorer Dieu par la foi, l'esperance & la charité; le Culte se passant dans le fond de l'ame & dans le for interieur, la conduite entiere en appartient à la Puissance Divine.

Il faut observer que Dieu peut être honoré exterieurement en trois manieres, par nos paroles, par nos actions, & par nos biens : ainsi la Discipline du Culte exterieur consiste en trois sortes de Cultes, celui de la priere ou de la parole, celui des actions & celui des choses.

Nous regardons le Culte de la priere, 1°. en elle-même, 2°. par rapport à la maniere dont on doit prier, 3°. par rapport aux person-nes qui prient, 4° par rapport à sa fin; enfin par rapport au tems & aux lieux de la priere.

La priere en elle-même n'a rien que de spirituel; ainsi s'il y a quelque conseil ou commandement à nous donner touchant le choix des termes les plus propres à honorer Dieu & à lui demander ses graces, cela est du ressort de la Puissance spirituelle, & la parole de la Doctrine, les Prêtres ayant le trésor des sciences divines & sacrées dans leur partage.

Pourquoi donc parmi les Preuves des Libertez de l'Eglise Galli-canne, y a-t'il un Chapitre entier où il paroît que selon notre usage, le changement des prieres, sçavoir des Breviaires & des Missels, ne se peut faire sans la permission du Roi ? Est-ce une entreprise sur la Puissance spirituelle ? Nullement : c'est un des droits légitimes de la protection que nos Rois donnent à l'Eglise, parce que comme Pro-tecteurs de l'Eglise Gallicanne, ils sont obligez de maintenir la Dis-cipline quand elle est attaquée. Or c'est l'attaquer que d'y vouloir innover; donc on ne peut changer celle qui a été légitimement éta-blie dans le Royaume sans leur ordre ou leur permission. Il est vrai qu'ils ne doivent pas le refuser sans raison ; mais ils en sont Juges, & il n'y a que Dieu seul qui puisse leur en demander comte, com-me dit le Canon du Concile de Paris. Soit que la Discipline de l'E-glise soit augmentée, soit qu'elle souffre du retranchement, Dieu en demandera raison aux Rois, à la garde & à la protection desquels il l'a confiée.

I

Il en eſt de même de la maniere dont la priere doit être faite, ſi à genoux ou debout, ſi tête nue, ſi en habit Eccleſiaſtique, &c. Le Roi n'a droit que d'autoriſer ou de conſerver les Loix que l'Egliſa aura préſcrites.

Quand Pepin & Charlemagne envoyerent à Rome des gens pour apprendre le chant Romain, & l'apporter en France, ils l'ont fait en qualité de ſimples Protecteurs. C'eſt de l'Egliſe qu'ils empruntoient ce chant, pour le donner à l'Egliſe, pour conformément à nos principes procurer l'ordre & l'augmentation neceſſaire à cette ſorte de Diſcipline. Mais s'il s'agiſſoit de la priere par rapport aux perſonnes qui la doivent faire, il faut diſtinguer s'il s'agit de ſavoir par qui Dieu ſera le plus honoré, ſi par un Laïc, un Clerc, un Diacre ou un Prêtre; alors c'eſt à l'Egliſe à décider & au Prince à faire executer ſa déciſion, parce que cela dépend de la ſcience des choſes Divines, & n'excede point la competence de la Doctrine. Mais ſi nous conſiderons ces perſonnes par rapport à l'intereſt de l'Etat, par exemple, ſi ce ſont des particuliers ou un Corps, ſi perſonnes innocentes ou ſuſpectes, alors l'Etat y peut être intereſſé. De là la maxime que ſans la permiſſion expreſſe du Roi on ne peut faire des Aſſemblées extraordinaires, inſtituer de Communautez. Les Rois & leurs Parlemens peuvent interdire de la celebration de l'Office Divin & des prieres publiques les Prêtres ſcandaleux & ſeditieux, de crainte qu'ils n'excitent quelque rumeur. Nous en avons quantité d'exemples.

Si on conſidere la priere par rapport à la fin, ou ſa fin eſt generale, ou elle eſt particuliere. La fin generale eſt la gloire de Dieu & le ſalut des ames en general. Or tout ce qui ne tend qu'à cette fin, concerne purement le Corps myſtique; l'Egliſe a ſeule la ſouveraine direction de ces ſortes de prieres, & elle n'appartient point aux Rois ſinon pour l'execution.

La fin particuliere, par exemple, pour faire des prieres publiques pour des neceſſitez temporelles de l'Etat, pour rendre graces à Dieu de quelques avantages temporels, ſi on les fait pour tel, pour un Fondateur, pour un Haut-Juſticier; cette fin particuliere appartient au Roi & à ſes Officiers, ſoit en vertu de la Magiſtrature à cauſe des intereſts de l'Etat & des droits honorifiques qui ſont des droits temporels, ſoit à cauſe de leur droit de protection, parce que tout cela ne tend qu'à l'entretenement & à l'accroiſſement du Culte divin & des points où ſouvent la parole de la Doctrine ne peut pas pourvoir.

Car qui peut ordonner des prieres publiques, ſi ce n'eſt celui dont l'autorité eſt univerſelle? C'eſt pour cela que les Rois envoyent leurs Lettres de Cachet aux Gouverneurs & aux Evêques, à l'exemple de ce qui s'obſervoit chez les Juifs. Les Rois étant oints les pourroient faire eux-mêmes, à l'exemple de David, d'Aſa & de Joſaphat. C'eſt de là ſans doute que, quoique les Laïcs ne puiſſent poſſeder des

Benefices, les Rois font Chanoines de plufieurs Eglifes.

Il en eſt de même du tems & du lieu de la priere, le Roi y a ſes droits comme Protecteur. C'eſt à l'Eglife à déterminer les tems & les lieux les plus décens à l'égard de Dieu; mais s'il s'agit d'en déterminer un commode ou préjudiciable aux interêts des particuliers ou du Public, comme d'inſtituer une nouvelle Fête, ou de choiſir un lieu qui faſſe ceſſer ou qui incommode le travail des Peuples, cela ne ſe peut faire que du conſentement du Roi à cauſe de l'interêt de l'Etat. Ainſi Conſtantin fit des Loix pour l'obſervation du Dimanche, & de quelques Fêtes des Martyrs. Dans le II. Concile de Challon-ſur-Saone, les Evêques demanderent une Loi à Charlemagne pour renouveller la celebration du Dimanche.

Suivant nos Libertez, on ne peut bâtir en France ni Oratoire, ni Temple ſans le conſentement du Roi.

Au Culte de la parole ſuccede celui des actions. Il y en a de deux ſortes, l'un eſt d'inſtitution Divine, l'autre d'inſtitution humaine.

D'inſtitution Divine, telle que la celebration des Sacrifices & l'adminiſtration des Sacremens, cela appartient à l'Eglife & dépend de la ſcience des choſes Divines.

Nous voyons pourtant dans les Capitulaires de Charlemagne, qu'il preſcrit tantôt la maniere de dire la Meſſe, tantôt les perſonnes qui ſervirent à l'Autel.

Juſtinien à l'exemple de David & de Salomon, fit une Loi pour régler le nombre des Miniſtres de l'Autel.

Pour en connoître la raiſon, rappellons nos principes. Il n'eſt jamais permis aux Laïcs de toucher à l'Arche, ni de penetrer dans le Sanctuaire, mais le Protecteur doit veiller à l'Arche & à la porte, pour ainſi dire, du Sanctuaire, pour en maintenir le Culte & obliger ceux qui le doivent faire, à s'en acquitter ſelon les Loix & les Canons, & pour empêcher qu'il ne ſe gliſſe du déſordre & de la confuſion. C'eſt ce qu'ont fait & doivent faire les Rois; ce n'eſt que pour faire executer les ſacrez Canons, que Charlemagne parle dans ſes Capitulaires des Sacrifices, &c. & c'eſt pour cela qu'il y cite les Conciles, &c.

L'adminiſtration des Sacremens comprend trois choſes, la diſpenſation des Sacremens, le droit d'en preſcrire les Loix, & celui d'y juger de la validité de ces actes.

Dans la diſpenſation, il faut diſtinguer le pouvoir d'avec l'exercice de ce pouvoir.

Le pouvoir de diſpenſer les Sacremens dépend du for interieur, c'eſt le pouvoir des Clefs que Dieu n'a donné qu'aux Prêtres & non au Magiſtrat, qui ne peut ni donner ni ôter ce pouvoir. Ainſi quand Gregoire de Tours dit qu'un tel a été ordonné ou tonſuré Evêque par le Roi, c'eſt que le Roi a commandé aux Evêques à qui le droit de conferer les Ordres & de ſacrer les Evêques appartient.

Quand le Parlement interdit les Prêtres de leurs fonctions les plus sacrées, comme il fit à un Evêque de Saintes en 1482. il a ordonné que les Prêtres à qui ce pouvoir appartient, dégraderoient les coupables; ce qu'il a pû faire au nom du Roi en sa qualité de Protecteur, & pour l'execution a déclaré qu'il y avoit nullité dans la promotion, &c. par la contravention aux formes Canoniques.

Les Loix concernant cette administration dépendent de la science des choses Divines. Cependant on trouve bien des Loix des Empereurs & des Rois concernant la dispensation des Sacremens, soit en general pour qu'elle soit toujours gratuite, commode & toujours présente aux besoins des peuples, soit en particulier pour l'âge, la forme & les conditions, ou du Mariage, ou de quelques uns des Ordres sacrez; ce n'est point une usurpation, ce n'est que pour munir la parole de la Doctrine par la terreur de la Discipline, parce que les Canons l'ont ordonné.

Il y a des Sacremens qui ne requerent qu'une simple capacité spirituelle, c'est-à-dire, une simple disposition interieure à recevoir la grace, comme le Baptême, la Confirmation, la Penitence, l'Eucharistie & l'Extreme-Onction.

Le Prince n'en fait de Loix que comme Protecteur.

Il y a d'autres Sacremens qui exigent encore une capacité exterieure, temporelle & civile, tels que l'Ordre & le Mariage, & de ceux-ci le Roi en fait quelquefois des Loix en qualité de Magistrat politique.

A l'égard du Sacrement de Mariage, le contract civil en étant la matiere necessaire, il dépend en cette partie de la Magistrature politique. Ainsi en distinguant dans l'administration des Sacremens ce qui est du droit de protection, de ce qui est de Magistrature politique, le droit d'un chacun est facile à expliquer. Et d'autant que celui qui fait la Loi, soit comme Protecteur, soit comme Magistrat politique, est Juge de l'execution de la Loi, il s'ensuit que le Roi est Juge, &c. Sur quoi il faut distinguer le for interieur dont le Prêtre seul est Juge, du for exterieur dont le Roi seul est Juge.

Après avoir parlé du Culte des actions d'institution Divine, parlons de celui qui est d'institution humaine. Il y en a de plusieurs sortes, parce que les hommes ont inventé plusieurs sortes d'actions pour marquer leur respect à Dieu. Choisissons-en quelques exemples qui établiront les principes des autres; le transport des Reliques, les Pelerinages, les Croisades, les Jeûnes. Le Roi a droit à la Discipline de ces choses, tantôt comme Protecteur, quelquefois comme Magistrat politique. Le transport des Reliques ne se peut sans l'aveu du Roi, suivant le Concile de Mayence. Les Pelerinages sont des Assemblées, &c. Les Croisades ont trait au temporel. Voyez le Decret de Gratien.

Le II. Concile de Challon dit qu'il appartient au Roi de régler les Pelerinages, non pas pour décider si Dieu a plus agréable d'être

prié

prié dans un lieu plutôt que dans un autre, ce qui eſt de la ſcience des choſes divines ; mais pour l'intérêt de l'Etat, à cauſe des Aſſemblées illicites, qui ſous ce prétexte peuvent ſe faire dans le Royaume , & de l'occaſion que ces voyages peuvent donner à ſes Sujets de le déteſter, ou d'entretenir commerce en des Royaumes ſuſpects. C'eſt pour cela que Charles VI. défendit les Pelerinages à Rome pendant la ſouſtraction de l'obéiſſance.

Le Roi peut ordonner des jeûnes à l'exemple de Joſaphat & de Louis le Debonnaire, & empêcher qu'on n'en introduiſe de nouveaux & d'exceſſifs contraires à l'ancienne Diſcipline de l'Egliſe, dont il eſt Protecteur.

Il ne reſte qu'à dire un mot du culte des choſes, ainſi appellé , parce que ce n'eſt ni par nos paroles, ni proprement par nos actions, que nous le rendons à Dieu , mais par les choſes que nous lui offrons. Il eſt de deux eſpeces : 1°. des choſes que nous offrons directement à Dieu pour lui demeurer conſacrées & être ſequeſtrées de l'uſage des hommes ; 2°. de celles que nous donnons aux hommes en conſideration de Dieu, mais pour l'uſage des hommes. Les premieres ſont, par exemple, les Temples, les Ornemens, &c. Il les faut conſiderer devant & après , ou dans leur conſecration ; devant leur conſecration, comme temporelles & profanes , elles ne relevent que du Magiſtrat ; ainſi on ne les peut conſacrer que de ſon conſentement exprès ou tacite, ſelon ſon importance , l'Etat étant le premier proprietaire de tous les biens temporels, & la Loi porte qu'on ne peut rien voüer ni conſacrer ſans l'aveu du proprietaire. Mais , dira-t-on, tout eſt à Dieu avant que d'être à l'Etat. Oui ; mais Dieu a ſoumis les choſes temporelles aux Rois pour les neceſſitez de l'Etat, & il n'eſt pas permis de dérober pour donner à Dieu : c'eſt pour cela que Dieu s'adreſſa à David & à Salomon, & non au grand Sacrificateur , pour bâtir un Temple & l'enrichir. Mais à qui appartient-il de décider s'il eſt à propos de bâtir des Temples & de les enrichir ? Cela dépend de la ſcience des choſes divines ; mais le choix des lieux dépend du Magiſtrat politique.

Quant à la Dedicace , Salomon dédia le Temple , & Aſa l'Autel qu'il fit élever ; mais parmi les Chrétiens, il entre dans ces actes des Ceremonies qui dépendent du for interieur dont les Laïes ne ſont pas capables ; les Rois tiennent ſeulement la main à ce que les Canons ont ordonné.

Après la Dedicace , la conſecration des choſes ſaintes appartient à la Puiſſance ſpirituelle, & les Rois ne s'en mêlent qu'en qualité de Protecteurs, d'où nos Rois & nos Parlemens ſont obligez de faire des Reglemens touchant l'adminiſtration de l'Egliſe, ſoit pour regler les rangs & les fonctions de leurs Miniſtres , à l'exemple de Salomon *cont. Carth* & de Juſtinien, ſoit pour veiller aux réparations comme Joas & Jo-ſias , ſoit pour y maintenir le reſpect & le Culte.

Le droit de franchiſe n'a duré dans nos Egliſes qu'autant qu'il a plû à nos Rois.

(38)

A l'égard des chofes que nous d nnons eux hommes par rapport à Dieu, mais pour l'ufage des hommes, comme font les dixmes, les pré nices, les oblations & les aumônes, ces chofes étant à parties Ecclefiaftiques, nous en parlerons dans la derniere Differtation.

Il faut feulement remarquer fur les aumônes, que perfonne ne peut donner en France des Quêtes en vertu des Bulles de Pardons, ou d'Indulgences, ni fous quelque prétexte que ce foit, qu'avec la permiffion du Roi. Cette maxime fait un des points de nos Libertez.

QUATRIÉME DISSERTATION.

De l'autorité du Roi touchant les Perfonnes Ecclefiaftiques.

Can. final. PErfonnes Ecclefiaftiques font celles qui font confacrées au Miniftere de l'Eglife par l'impofition des mains. Le Concile de Nicée dit que les Diaconeffes font cenfées Laïques, parce qu'elles ne reçoivent point l'impofition des mains, quoique deftinées au Miniftere de l'Eglife.

Il y a deux fortes d'Ecclefiaftiques, les Seculiers & les Réguliers. Commençons par les Seculiers, comme étant les plus anciens. Il faut dire que comme l'Eglife eft confiderée comme Corps politique, ou comme Corps myftique, auffi on les doit confiderer ou comme Citoyens, ou comme Ecclefiaftiques. Comme Citoyens, ils font foumis au Magiftrat politique. Quand Dieu foumit les douze Tribus à Saül, il y comprit celle des Prêtres. S. Paul dit que toute ame eft foumife aux Puiffances, & il n'excepte perfonne : il eft cependant des devoirs aufquels les Ecclefiaftiques font privilegiez ; mais ils tiennent leurs privileges du Magiftrat politique, étant nez Citoyens avant Matth. 21.
22. 23. d'être faits Ecclefiaftiques ; & le Fils de Dieu a dit, qu'il n'eft point venu pour délier les Sujets de l'obéiffance aux Rois : au contraire, cette obéiffance fait un des préceptes de l'Evangile ; & s'ils cherchent l'origine de leurs privileges, ils ne la trouveront que dans les Loix de Conftantin, &c. & c'eft pour cela que S. Louis en les confirmant, dit qu'il les confirme dans les privileges à eux accordez par lui & fes prédeceffeurs.

Les Ecclefiaftiques font foumis au Roi non feulement comme Ecclefiaftiques, mais encore à caufe de fon droit de protection.

Pour examiner leurs privileges, il faut établir que les droits des Rois fur les perfonnes, s'étendent principalement à trois ; à leur donner des Loix, à impofer des tributs, & à les juger.

Les privileges des Ecclefiaftiques s'étendent auffi à trois ; à les difpenfer des Loix, à les affranchir des Charges publiques, & à les exemter de la Jurifdiction Royale & feculiere.

Nulle Loi ne les difpenfe des Loix des autres Citoyens, mais bien
de quelque Loi en particulier : par exemple, de la contrainte par
corps, &c. & cette fujetion aux Loix eſt ſi indubitable, que pour fonder un Appel comme d'abus, il ne faut que prouver une contravention aux Ordonnances.

Ils font fujets aux impoſitions ; mais il faut diſtinguer les réelles &
perſonnelles. Paſſons les réelles, dont nous parlerons dans la cin-
quième Diſſertation. Ainſi nous allons traiter des perſonnelles, comme Tailles, Subſides, Tutelles, Service à la Guerre, & autres fem-
blables.

En general les Rois à caufe de l'excellence & la nobleſſe de leurs
fonctions, leur ont accordé, avec raifon, des immunitez ; mais c'eſt
une grace dont la fource eſt uniquement dans les Loix Civiles. Un
Pape parlant du tribut que Jefus-Chriſt paye pour foi & pour faint
Pierre, dit que ce tribut fut pris dans la bouche du poiſſon, pour
montrer que les Eccleſiaſtiques ne doivent de tribut aux Princes, que
les biens exterieurs qu'ils acquerent ; la réponfe eſt, qu'il ne s'agiſ-
foit point d'un tribut réel, Jefus-Chriſt ne poſſedant point d'heri-
tages temporels ; qu'ainſi ne s'agiſſant que d'un tribut perfonnel, il
enfeigne par là que tous les Sujets indiſtinctement le doivent à leur
Roi, en reconnoiſſance de leur fujetion.

Ces tributs ne font pas dûs aux Rois feulement pour la poſſeſſion
des biens, mais auſſi pour le gouvernement qu'ils ont de nos perfonnes, dont ils font refponfables devant Dieu. Ils le font des Prêtres
comme des autres, & par confequent, &c. Jefus-Chriſt ni les Apôtres ne les difpenfent point. Si on allegue les Conſtitutions des Papes, on répondra que les Papes n'ont point d'autorité fur le Temporel
des Rois. Combien d'exemples de levées fur le Clergé fans la participation des Papes, & combien de procedures contre les Eccleſiaſtiques
dès le tems de Philippes le Bel, pour avoir ofé révoquer en doute
cette autorité.

Quant aux tutelles & curatelles, il eſt vrai que S. Paul dit qu'il Tim. 2.
eſt indécent à celui qui s'eſt enrollé dans la milice de Dieu, de s'em-
baraſſer d'occupations feculieres ; mais il n'a pas prétendu par là difpenfer un bon Eccleſiaſtique des devoirs d'un bon Citoyen envers
l'Etat ; il lui défend de s'en mêler par un efprit de monde & d'interêt, mais non quand il s'agit de le faire dans un efprit de foumiſſion
à la Loi. C'eſt ce qui eſt formellement décidé dans le Concile de Cal- Can. 2.
cedoine.

Ils ne font pas entierement dégagez par leur profeſſion de fervir
de leurs perfonnes dans les Guerres ; il eſt vrai que leurs armes naturelles font la priere, comme Moyfe fur la Montagne. Il y a pourtant
des neceſſitez ſi preſſantes où le dévoir envers le Prince les engage à
le fuivre dans les armées, & quelquefois même d'y combattre. La
Loi des Vifigots y oblige les Laïcs & les Eccleſiaſtiques. Il eſt vrai c. 9. 2. c. 20.
que nos Ordonnances défendent aux Clercs de tremper leurs mains

dans le fang : c'eft pourquoi les Capitulaires de Charlemagne portent qu'il n'y en ira qu'autant qu'il fera neceffaire pour l'adminiftration des Sacremens. Mais dans un Concile les Evêques de France ont reconnu être obligez d'affifter le Roi dans les Guerres, & n'en être difpenfez que par grace, & qu'un Evêque d'Orleans & un d'Auxerre furent condamnez en l'amende pour avoir manqué à ce devoir. Nous trouvons des Commandemens de Philippes le Bel à tous les Ecclefiaftiques de fe trouver en armes dans la Guerre de Flandres en 1304.

Non feulement ils font fujets aux Charges perfonnelles de l'Etat, mais auffi à la Jurifdiction Royale. Un particulier de Conftantinople demandoit à Juftinien comme une grace & un privilege que les Caufes Civiles & Ecclefiaftiques fuffent renvoyées aux Archevêques avant de les traduire devant le Magiftrat. Donc il en étoit autrement de droit commun. Les Ordonnances retranchent aux Clercs qui ne font pas au moins Soûdiacres, le droit de plaider devant le Juge de l'Eglife. Donc le Roi eft maître de ce privilege, puifqu'il l'étend & le reftraint comme il lui plaît, ainfi l'appellons-nous le Privilege Clerical.

Quant aux Caufes Criminelles, Jefus-Chrift s'en eft rendu luimême jufticiable. Les Ecclefiaftiques ont-ils plus de privilege que le Fils de Dieu ? Auffi les Empereurs ont jugé Cecilien, Felix, Athanafe, &c. Tantôt ils leur donnoient des Juges Ecclefiaftiques, comme dans la Caufe de Cecilien ; tantôt leurs propres Officiers, comme dans celle de Felix ; tantôt ils mandoient les Juges, comme dans celle de S. Athanafe, condamné par le Concile de Tyr ; tantôt enfin ils recevoient les appellations des Juges Ecclefiaftiques & des Conciles, comme de l'Appel des Donatiftes, &c.

A la verité nos Rois ne font pas allé fi loin. Paffons les exemples, pour nous attacher aux principes.

Il faut diftinguer la nature des crimes. Ou les Ecclefiaftiques ont manqué à leur devoir Ecclefiaftique, ou à celui de Citoyen, ou bien le délit eft purement Ecclefiaftique, ou purement politique, ou tous les deux enfemble. S'il eft purement Ecclefiaftique, comme fimonie ou herefie fans fcandale, la punition en appartient à l'Eglife feule ; & fi les Rois s'en font quelquefois mêlez, ce n'eft qu'en qualité de Protecteurs ; fi le délit eft purement politique, la connoiffance en appartient au Magiftrat politique, fi ce n'eft pour la dégradation des coupables. S'il s'agit d'un crime mixte, l'Eglife & le Magiftrat en doivent connoître. Les Ordonnances portent que l'Official jugera le délit commun, & le Juge Royal le délit privilegié. Il faut obferver cependant que c'eft par abus que l'on nomme délit privilegié, celui dont connoiffent les Juges Royaux ; celui dont connoiffent les Officiaux n'étant que par un privilege à eux accordé par nos Rois contre le droit commun, devroit plûtôt être nommé privilegié, & l'autre délit commun.

Le for extérieur appartient au Roi feul, & tout for autre que celui

des

des confciences, eft exterieur. Mais outre la dépendance des Ecclefiaftiques comme Citoyens, ils font encore dépendans comme Ecclefiaftiques. Le Roi comme Protecteur doit veiller à l'execution des
Canons. Si la parole de la Doctrine eft impuiffante ou negligée, la
terreur de la Difcipline vient au fecours, & le Roi y oblige par fai-
fie du Temporel, par des peines pecuniaires, par fufpenfion, & même par privation de leur Miniftere : mais outre le droit de Protecteur,
il y en a quelques-uns faits par le Magiftrat politique.

Outre la diftinction de Citoyens ou d'Eccleﬁaftiques, il faut encore les regarder comme promûs fimplement aux Ordres ou a quelque Dignité, Office, &c.

Anciennement ces deux chofes ne fe diftinguoient pas ; car l'Eglife
primitive ne permettoit pas qu'un Seculier fût ordonné, qu'il ne fût
en même tems attaché à une certaine Eglife, & qu'il n'y fût chargé
de quelque adminiftration ; mais quand les adminiftrations ont été
jointes à de grands revenus fous le titre de Benefices, on a feparé
l'Ordination de fon titre légitime & canonique, pour y fubroger un
autre Etranger, pour ainfi dire Bâtard, que nos Ordonnances appel-
lent Sacerdots.

Le veritable titre de Prêtre étant donc aujourd'hui feparé du Sacerdoce, nous confiderons les Miniftres de l'Eglife ou comme promûs aux Ordres, ou comme revêtus de Benefices. Dans le premier
cas le Roi a fon droit de protection, &c. fi comme revêtus de Benefices, étant mêlez de fpirituel & de temporel, le Magiftrat y partage
l'autorité entre le Protecteur. De là les Ordonnances fur les préven-
tions, réfignations, permutations & autres devoirs des Benefices :
de là les Loix fur les dévolus & la privation des Benefices : de la les
fameufes Ordonnances par lefquelles Charles VI. pourvût a l'adminiftration de fon Royaume pendant la fouftraction de fon obeïllance.

Il faut encore diftinguer les Benefices d'avec les Prélatures. Le Roi
a interêt d'empêcher que les premiers ne foient conferez a des Etrangers, à caufe du temporel qui y eft annexé: mais quand ? Comme
dans les Prelatures il y a Jurifdiction & une autorité importante, il
eft de l'interêt de l'Etat qu'elles ne foient conferées ni a des Etrangers, ni a des factieux, ni à des ennemis du Roi & de fa Couronne.
De la le droit du Roi de nommer aux Evêchez, aux Abbayes & aux
Prélatures de fon Royaume, & celui de ferment de fidelite des Prélats.

Quant au droit de nomination, c'eft faire tort à nos Rois d'en
rapporter l'établiffement au Concordat. L'Empereur Theodofe entre
autres choifit d'autorité abfolue Nectarius pour Evêque de Conftantinople. Nos Rois de la premiere Race jouiffoient des mêmes droits
dont ils jouiffent a prefent. Il eft vrai que le Clergé & le Peuple avoient
leur fuffrage aux élections des Evêques, les Moines à celles des Ab-
bez ; mais il étoit fubordonné à la volonté du Roi ; il leur mandoit
fouvent d'élire, & le plus fouvent il nommoit la perfonne qu'il

vouloit être élue, témoin l'Archidiacre Caülus ; & fi Clotaire I. leur laiffo t quelquefois la liberté de l'élection, il avoit droit d'approuver ou de refufer l'Elû.

Ce n'eft pas des Fiefs que provient le ferment de fidelité des Prélats ; car ils ne le doivent pas moins quand ils ne poffedent point de Fiefs.

N'eft-il pas jufte qu'ils prêtent ferment par rapport à leur adminiftration ? Ce ferment les aftraint tellement au Roi, qu'ils ne peuvent fortir du Royaume, ni prêter fecours au Pape fans la permiffion du Roi. Dans le fecond Concile d'Aix-la-Chapelle, il eft dit que fi un Evêque ou quelqu'un du fecond Ordre viole le ferment de fidelité qu'il a fait au Roi, il doit être dépofé.

De ce Concile il réfulte que le Roi ayant droit au choix des Beneficiers de fon Royaume, comme Magiftrat politique, il n'en a pas moins à leur dépofition. Cependant quoique le terme de dégradation pris en general, fignifie la dégradation & la dépofition des Ecclefiaftiques, ces termes cependant dans leur fignification propre, défignent des chofes entierement differentes. La dégradation dépouille le Clerc du caractere Clerical, non pas de celui que l'impofition des mains imprime jufques dans l'ame ; (car celui-là ne peut jamais s'effacer) mais d'un caractere d'honneur & de dignité attaché au Sacerdoce ; elle le chaffe de fon rang dans la Hierarchie de la milice de l'Eglife.

La dépofition ne va pas fi loin, elle le prive feulement de la fonction du Miniftere dont il eft dépofé. Si cette dépofition eft pour un tems, on l'appelle fufpenfion ; fi c'eft pour toujours, on l'appelle dépofition.

Sur cela deux difficultez. 1°. Si les Rois peuvent faire des Ordonnances fur la dégradation, la dépofition & la fufpenfion. 2°. S'ils peuvent actuellement dépofer, dégrader & fufpendre.

Sur la premiere, il faut diftinguer leur qualité de Protecteur, de celle de Magiftrat politique.

En qualité de Protecteurs, ils peuvent faire toutes fortes de Loix, mais feulement en executant ou en confirmant les facrez Canons, c'eft-à-dire, qu'ils établiffent des peines dans les cas où l'Eglife a voulu qu'elles euffent lieu. De là la Loi d'Honorius fur l'élection du Pape, qui porte nullité en cas de contravention, conformément aux Conciles, qui déclarent nulles les promotions ambitieufes & fimoniaques : de là la Novelle fixiéme de Juftinien.

Le Roi comme Magiftrat politique, a fon droit ; ou il s'agit de faire une Loi qui mette feulement un obftacle irritant, felon les Jurifconfultes, a une promotion qui n'eft pas encore faite, ou il s'agit d'en faire une qui caffe & annulle une promotion déja faite. Dans le premier cas d'un obftacle irritant, le Magiftrat peut faire cette Loi, parce que tout Benefice eft mêlé d'adminiftration temporelle. De là les Edits des Infinuations, &c. Mais dans le fecond cas d'une promotion déja faite, cela paffe le pouvoir du Magiftrat politique ; il ne

(43)

peut plus l'annuller fans l'autorité de l'Eglife, à caufe du mélange
d'adminiftration fpirituelle qui ne peut être ôtée ni donnée que par
la Puiffance fpirituelle.

Voilà ce qui regarde la premiere queftion fur la dégradation, &c.
Voyons la feconde, qui eft de fçavoir fi le Roi peut actuellement dégrader, dépofer & fufpendre ; ce font les mêmes principes dans les
deux queftions. Pourquoi donc Cherebert dépofa-t'il l'Evêque de
Saintes ? Diftinguons le Beneficier légitimement promû, de celui
qui l'a été illégitimement & contre les formes. Dans le premier cas
le Roi ne peut jamais le dépofer, ni comme Protecteur, ni comme Magiftrat politique ; il peut feulement comme Protecteur prêter
fa puiffance à l'Eglife. C'eft dans ce fens que les Rois & leurs Parlemens ont fouvent enjoint aux Evêques de dégrader les Prêtres & les
autres Clercs condamnez, & qu'ils ont déclaré fufpendus les Beneficiers, ou privez de leurs Benefices. Mais quand un Beneficier a été
pourvû contre les formes, le Roi peut le dépofer, foit comme Magiftrat politique, parce que l'execution des Loix lui appartient, foit
comme Protecteur, pour l'execution des Loix Canoniques. Ce n'eft
pas dépoffeder, c'eft empêcher l'injufte poffeffion d'un ufurpateur. De
la les Parlemens connoiffent par appel comme d'abus de la validité ou
invalidité des Provifions obtenues en Cour de Rome, foit de Benefices
fimples, foit d'Evêchez ou Archevêchez.

Voyons prefentement quelle eft l'autorité du Roi fur les Ecclefiaftiques Reguliers.

Ils ne font point Citoyens, ils font morts au monde, ils ne poffedent rien dans l'Etat, ils ne jouiffent d'aucuns droits civils, ils ne
font point tête dans la République. Du tems des Papes Sirice & Zo-
zime, ils n'étoient point admis aux Ordres, ni compris dans la Hierarchie de l'Eglife ; mais leurs familles étant incorporées dans l'Etat,
nous envifageons, non les particuliers, mais leurs Communautez,
comme Membres politiques ; & les particuliers étant admis aujour-
d'hui aux Ordres facrez, fouvent même aux Benefices, nous les confiderons comme autant d'Ecclefiaftiques.

En ces deux qualitez, il y a quatre chofes principales dans lefquelles ils font fujets au Roi, tant comme Magiftrat politique, que
comme Protecteur.

1°. Leur établiffement. C'eft une maxime en France que nulle Communauté Religieufe ne peut s'établir ni conftruire de Monafteres,
fans la permiffion expreffe du Roi, par deux raifons. 1°. Selon les
Loix politiques, il ne peut fe former de Corps, de Communauté, ni
Collége dans un Etat, fans la permiffion du Magiftrat politique, par
mille raifons. Seroit-il jufte qu'un nouveau Corps vint s'affocier à celui de l'Etat fans l'agrément du Chef ? Cela répugne aux Loix même
naturelles. 2°. Tout nouvel établiffement de Religieux eft une nouveauté dans la Difcipline de l'Eglife. On détruiroit le devoir de
Protecteur, fi on difoit que ce n'eft pas à lui à examiner fi cela eft

utile ou non à l'Eglife, quand la Puiffance fpirituelle en a donné fon fentiment. Le Concile de Paris dit que fi ceux qui font dans l'Eglife que Dieu a confiée à la puiffance du Roi, agiffent contre la Difci-pline, &c. il en rendra comte à Dieu, il faut donc qu'il en prenne connoiffance, &c. auffi nos Rois en font en poffeffion.

Preuves des Lib. de l'Eg. Gallic. T. 2. ch. 38.

Le fecond point dans lequel les Religieux font fujets à l'autorité du Prince, eft la Difcipline des mœurs. Il y a deux fortes de mœurs Ecclefiaftiques, les unes ne concernent que le falut de l'ame & la gloire de Dieu, les autres concernent le corps & la tranquillité de l'Etat.

Le Roi ne connoît des premieres que comme Protecteur, pour faire que les Superieurs foient obéis, & qu'eux-mêmes s'acquittent de leur devoir; car il répondroit du relâchement. A l'égard des mœurs politiques qui peuvent produire du fcandale & troubler le repos public, le Roi a droit de punir lui-même ou d'en remettre le foin aux Superieurs.

Le troifiéme point concerne le privilege des Religieux, qu'il faut diftinguer en trois efpeces; les uns concernent l'Eglife, les autres l'E-tat. Il y en a qui concernent l'un & l'autre. Les premiers qui con-cernent l'Eglife, comme l'exemtion des Dixmes & de la Jurifdiction Epifcopale, ne dépendent du Roi que comme Protecteur. Il peut maintenir ceux légitimement accordez, & empêcher que les Papes, par un relâchement de la Difcipline, n'en accordent de contraires aux Canons & préjudiciables à fon Eglife.

Les privileges qui concernent l'Etat, comme les immunitez des fubfides, &c. que le Roi accorde aux Communautez Religieufes, dépendent du Roi feul. Nous parlons des Communautez, parce que les Religieux en particulier font exemts, étant morts au monde par leur Profeffion. Ils ne font plus confiderez comme Citoyens, mais comme faifant partie d'une Communauté politique.

Les Privileges qui concernent l'Eglife & l'Etat tout enfemble, comme les permiffions de tenir des Colleges, la connoiffance en ap-partient au Roi, tant comme Magiftrat politique, que comme Pro-tecteur, l'Etat & l'Eglife y étant enfemble intereffez.

Le quatriéme point dans lequel les Religieux dépendent de l'auto-rité du Roi, concerne l'établiffement & l'execution de leurs Statuts. Dans l'établiffement des Statuts, le Roi comme Magiftrat a droit d'em-pêcher qu'il ne s'y gliffe rien de contraire aux interêts de fon Etat; & comme Protecteur, qu'il n'y ait rien de contraire à la Difcipline Ec-clefiaftique.

Pour ce qui eft de l'execution, il n'en connoît que comme Pro-tecteur : c'eft en cette qualité qu'il connoît de la réformation des Monafteres, qu'il délegue des Commiffaires, qu'il fait des Regle-mens à cet effet, qu'il juge dans les Parlemens de l'Appel comme d'abus, de l'execution des Difpenfes, des Vœux, des tranflations d'un Ordre dans un autre, des permiffions que le Pape donne à des Religieux de fucceder, de tefter, & de tout ce qui eft contraire a leurs Vœux.

CINQUIE'ME

CINQUIÉME DISSERTATION

De l'autorité du Roy touchant l'administration des biens de l'Eglise.

LEs deux qualitez de Magiftrat politique & de Protecteur, font les deux fources de l'autorité du Roi dans la Difcipline qui concerne la Foi, le Culte & les perfonnes Ecclefiaftiques. Mais outre ces deux fources, il y en a deux autres qui font fubordonnées, qui dans l'adminiftration des biens Ecclefiaftiques forment des liens de l'obligation d'une dépendance plus étroite.

Ces deux nouvelles fources font les droits de feodalité & de fondation. Le premier eft fubordonné à la qualité de Magiftrat politique, & le fecond à celle de Protecteur.

Le premier, parce qu'il comprend éminemment cette Seigneurie directe & fouveraine de toutes les terres du Royaume. Il y a cependant quelque difference en ce que le Roi ne portant fon autorité fur les biens de l'Eglife, qu'au befoin de l'Etat, il peut, comme Seigneur de Fief, les employer à fon utilité particuliere. Le fecond eft le titre de fondation ajouté à la qualité de Protecteur, parce qu'il donne au Roi un droit plus particulier fur les biens des Eglifes qu'il a fondées. C'eft ce qu'il faut expliquer dans cette Differtation, qui eft la plus importante & la plus difficile.

Il faut d'abord diftinguer les biens Ecclefiaftiques, des biens des Ecclefiaftiques. Les biens des Ecclefiaftiques font poffedez par eux, comme Citoyens, ainfi nulle difference à cet égard avec les autres Citoyens. Les biens Ecclefiaftiques appartiennent plûtôt à l'Eglife qu'aux Beneficiers, qui n'en ont que la fimple jouiffance.

Cette partie de la Difcipline fe peut réduire à trois points; leur acquifition, leur adminiftration & leur confervation, & leur aliénation.

Dans l'acquifition on regarde 1°. la qualité de la chofe, 2°. la maniere de l'acquerir, 3°. la capacité de l'acquereur. L'acquifition confifte en droits corporels, foit meubles ou immeubles, ou en droits incorporels. La maniere d'acquerir eft civile ou naturelle. La civile confifte en Contrats ou autres Actes qui produifent une action. La naturelle en voie de fait, à prendre & à recevoir ce qu'on nous donne.

La capacité eft de même civile ou naturelle. La capacité civile eft neceffaire pour acquerir par les voies civiles, comme par fucceffion, Teftament, &c. Tout le monde ne l'a pas. Par exemple, les Efclaves chez les Romains, & les Religieux parmi nous. La capacité naturelle eſt celle d'acquerir par les voies naturelles.

Dans les trois premiers ſiecles de l'Egliſe, elle ne poſſedoit aucun héritage. Les premiers Chrétiens vendoient leurs fonds, en apportoient le prix aux pieds des Apôtres, il étoit remis aux Diacres, qui en avoient la diſpenſation.

Le Pape Melchiade dit que les premiers Chrétiens convertiſſoient leurs fonds en deniers, parce qu'ils prévoyoient que l'Egliſe ſeróit transferée aux Gentils : c'étoit plûtôt à cauſe du peu de liberté qu'elle avoit dans les poſſeſſions.

L'Egliſe ne pouvoit même alors acquerir par les voies naturelles. Les Empereurs qui la mettoient au nombre des Colleges & des Communautez (a qui il étoit défendu d'acquerir) ne ſouffroient pas qu'on fît des donations ni d'inſtitution d'heritiers en ſa faveur.

Conſtantin fut le premier qui lui permit d'acquerir par toutes ſortes de voies civiles ; ce qui fut dans la ſuite tantôt reſtraint, tantôt étendu par les Empereurs, ſelon les neceſſitez de l'Egliſe ou de l'Etat. D'où il réſulte le principe important que la capacité d'acquerir & de poſſeder des biens temporels, lui vient uniquement de la conceſſion des Empereurs & des Rois.

S. Auguſtin le déclare par ces paroles.... " Otez le droit des
,, Princes temporels, qui oſera dire : cette maiſon, ce fond eſt à moi ?
,, Prenez donc garde, dit-il, de ne point dire : Qu'ai-je affaire ?
,, Qu'ai-je de commun avec les Rois ? car c'eſt par leur droit que
,, vous tenez vos poſſeſſions.

Depuis Conſtantin l'Egliſe n'a pas toujours été capable d'acquerir des biens en France par toutes ſortes de voies civiles. Gregoire de Tours, les Formules dans Marculphe, &c. nous en fourniſſent des preuves.

Le droit d'amortiſſement en eſt un monument authentique. Après cela peut-on douter que l'Egliſe ne releve entierement de l'autorité du Roi en ce qui concerne l'acquiſition de ſes biens temporels, ſoit par rapport à la capacité, ſoit par rapport à la maniere d'acquerir ?

Appliquons preſentement cette dépendance aux quatre ſources dont nous avons parlé. Il importe à l'Etat que l'Egliſe ne poſſede pas trop de biens dans le Royaume, qu'elle n'en poſſede que d'une certaine nature, & qu'elle n'en acquiere que par de certaines voies :

L. 1. Cod. de
ſac. Eccleſ.
Conſt. in Maine, art. 41.
d'Anjou, 37.
& 38. d'Orleans, 41. &
42. &c.

Auth. Sic alio
Cod. de ſac.
Eccleſ.

cela eſt du reſſort du Magiſtrat politique de pourvoir au bien de l'Etat. C'eſt à cette autorité qu'il faut rapporter les Loix de Conſtantin, de Chilperic, &c. Il importe à la mouvance des feodalitez du Roi, que les Fiefs ne tombent pas en main-morte. L'Egliſe pourroit tomber dans le déſordre par l'immunité de ſes biens & de ſes richeſſes ; le Roi peut en arrêter le cours en qualité de Protecteur ; il peut s'oppoſer aux acquiſitions qui pourroient être ruineuſes.

De là Juſtinien défend aux Egliſes d'accepter des donations des choſes onereuſes & ſteriles. Le Roi a un interêt plus particulier dans les engagemens des Egliſes de ſa fondation.

Non feulement l'Eglife dépend du Roi pour la capacité civile d'acquerir, mais les Ecclefiaftiques en dépendent t llement, que c'eft un des principes de nos Libertez, que le Pape ne peut donner aux Ecclefiaftiques étrangers Lettres de naturalité pour tenir des Benéfices en France, ni aux Ecclefiaftiques bâtards Lettres de légitimité pour pouvoir fucceder, ni aux Communautez Ecclefiaftiques féculieres & régulieres, Lettres d'habilitation pour pouvoir acquerir, ni aux Religieux pour tefter.

Notre premier principe eft que l'Eglife ne peut acquerir civilement en France aucuns biens que du confentement du Roi. On dira peut-être qu'il y a des biens que l'Eglife tient, & qui ne relevent pas du Roi, tels font les dixmes & les prémices des offrandes, ces chofes étant dûes de droit Divin, n'ont point été acquifes par la conceffion des Rois. La réponfe eft d'abord que ces chofes ne font point de droit Divin; & fi l'on objecte qu'elles ont leur fource dans l'ancienne Loi, on répondra qu'elle n'a pas lieu à cet égard dans la nouvelle, qui n'en parle que comme confeil, au lieu que dans l'ancienne, la Tribu de Levi n'ayant point eu fa part dans la divifion de la Terre de Chanaan, les autres Tribus contribuoient par la dixiéme partie de leurs fruits à la fubfiftance de celle qui n'étoit occupée qu'au fervice commun envers Dieu, au lieu qu'aujourd'hui les Prêtres partagent dans leurs familles. La Jurifprudence en eft fi certaine, qu'il eft inutile de s'y étendre. Mais en tout cas, il faut diftinguer le droit de dixme, de la chofe fujette à la dixme. S'il s'agit du droit de dixme, l'ufage, à la verité abufif, veut que l'action au petitoire foit portée devant le Juge Ecclefiaftique; le Roi n'en connoît que comme Protecteur par l'appel comme d'abus; mais s'il s'agit de fçavoir fi la dixme eft due fur telle ou telle efpece de fruits; fi de telle & telle efpece de fruits, il eft dû tant & tant d'années, alors s'agiffant de la chofe & non du droit, la connoiffance en appartient au Magiftrat politique. Voilà ce qui regarde l'acquifition.

Le point qui concerne l'adminiftration & la confervation, eft plus étendu; car il enveloppe à l'égard du Roi deux chofes très-importantes: 1°. l'obligation de choifir de bons Adminiftrateurs: 2°. de veiller à ce qu'ils en faffent une bonne adminiftration.

Quant au choix des Adminiftrateurs, il y en a en titre, d'autres par commiffion.

Les Adminiftrateurs en titre font les Titulaires des Benefices. Le Roi y pourvoit tantôt par la fimple nomination, l'inftitution appartenant à l'Eglife, tantôt en conferant les Benefices de plein droit, comme les Canonicats de la Sainte-Chapelle de Paris, & plufieurs autres.

Les Adminiftrateurs par commiffion, font ceux que le Roi nomme par Lettres Patentes après le décès des Prélats pour toucher les revenus, jufqu'à ce que le Benefice foit rempli de fait & de droit. Ils font appellez OEconomes.

Cela nous conduit à traiter de la collation libre & abfolue des Benefices.

Quoique le droit de conférer des Bénéfices, soit spirituel, néanmoins le Roi en jouit 1°. à titre de fondation, 2°. de Régale, 3°. de joyeux avenement, 4e. de serment de fidelité.

A titre de fondation, il confere tous les Bénéfices de fondation Royale, où il n'y a pas charge d'ames.

A titre de Régale, ceux qui n'ont pas charge d'ames, qui vacquent de droit ou de fait pendant la vacance des Evêchez & Archevêchez dont ils dépendent.

A titre de joyeux avenement, les Bénéfices ou la premiere Prébende vacante après son avenement à la Couronne dans les Eglises Cathedrales.

Et à cause du serment de fidelité, la premiere Prébende vacante dans l'Evêché ou Archevêché nouvellement rempli.

L'explication de l'origine de ces droits seroit trop longue ; nous dirons seulement par rapport à nos principes, qu'à l'égard des Bénéfices de fondation Royale, ce n'est proprement ni comme Protecteur, ni comme Magistrat politique, qu'il en a la collation, mais en qualité de Fondateur. Si c'étoit en qualité de Magistrat politique, il confereroit toujours tous les Bénéfices de son Royaume. Ce n'est pas non plus en qualité de Protecteur, parce que le droit de protection n'est produit que pour suppléer aux besoins de l'Eglise. C'est donc en qualité de Fondateur, non pas que ce droit soit naturellement attaché aux fondations, mais parce qu'il a été annexé aux fondations, & que cette stipulation est ordinaire. Du Moulin & après lui l'Auteur du Traité de l'Abus observent qu'il y a d'autres Seigneurs dans le Royaume qui jouissent du même privilege, comme ceux de Lusarche & de Chauny en Bretagne, &c. Du Moulin ajoute que ces Bénéfices sont moins spirituels que profanes, & que s'ils étoient vendus, ce ne seroit une simonie de droit Divin, mais seulement de droit positif à cause de la prohibition du Droit Canonique de vendre des Bénéfices. Ainsi le Roi peut non seulement les conferer, mais il peut les charger de telles pensions que bon lui semble, sans qu'il soit necessaire de les faire homologuer en Cour de Rome.

Quant à la collation des Bénéfices en Régale, il n'est pas étonnant qu'on n'en trouve pas l'origine, quand on ne la cherchera que dans les seuls droits du Magistrat politique & du Protecteur. Mais quand à ces deux titres on joindra ceux de Seigneur de Fief & de Fondateur de toutes les Cathedrales de son Royaume, on trouvera par la Jurisprudence du Royaume que le droit de garde & de protection emporte ordinairement la jouissance des fruits au profit du Gardien, tant que les biens sont dépourvûs de légitimes Administrateurs, & que les collations des Bénéfices sont comtées par les Canonistes entre les fruits, en sorte que ces deux droits se rencontrant dans la personne de Fondateur, il s'en fait une extension favorable, parce que les mêmes lieux sont originairement partis de sa

liberalité,

liberalité, & tous les trois concourans enfemble dans la perfonne du Magiftrat politique, il s'en forme un droit de Régale auffi fouverain & auffi indépendant que la Royauté même, par la maxime que tout ce qui eft reçû, l'eft à la maniere de celui qui le reçoit, c'eft-à-dire, participe de la dignité & de la puiffance de la perfonne qui l'a reçû. *Du Moulin fur la nouvelle Coutume de Paris,* gloff. 4. nº. penult.

Quant au droit de collation dont le Roi jouit à titre de joyeux avenement & de ferment de fidelité, il eft difficile d'en trouver la raifon hors de la longue poffeffion & des Edits extraordinaires de nos Rois. Auffi peu de Parlemens les connoiffent, & ils ne font gueres reconnus qu'au Grand Confeil.

Le Roi pourvoit donc au choix des Adminiftrateurs en titre, tantôt par la nomination des perfonnes, tantôt par la collation libre & abfolue des Benefices.

Voyons comment il pourvoit au choix de ceux qui ne le font que par commiffion.

Les adminiftrateurs par commiffion font les Directeurs des Hôpitaux, (de ceux qui ne font point érigez en titre de Benefices) les OEconomes ou Sequeftres des Benefices vacans.

L'adminiftration des Hôpitaux concerne l'interêt 1º. du Corps myftique pour le foulagement des Fideles, 2º. du Corps politique pour la décharge de l'Etat. Donc le Roi a droit de veiller au choix des Adminiftrateurs, tant comme Protecteur que comme Magiftrat politique.

Mais il faut diftinguer les Hôpitaux. Les uns font de fondation Royale, d'autres de fondation publique, d'autres de fondation particuliere. Le Roi feul commet aux Hôpitaux de fa fondation. Aux autres, ce font ceux qui en ont le droit par les titres de fondation, mais tou ours fubordinément à l'autorité du Roi, qui en qualité de Protecteur a droit de veiller à l'execution de l'intention des Fondateurs; & comme Magiftrat politique, à ce que rien ne s'y paffe contre les interêts publics de l'Etat.

En ces deux mêmes qualitez le Roi a droit de pourvoir à l'OE- *Tr. de l'Abus* conomat & au fequeftre des fruits dépendans des Benefices. Ce qu'il *L. 1. C. 3. n. 8.* fait tantôt immediatement par lui-même quand il nomme des OEconomes aux fruits des Evêchez & des Abbayes vacantes, tantôt mediatement par fes Officiers quand les Juges nomment des Sequeftres aux fruits des Benefices litigieux, ou quand s'agiffant du poffeffoire. ils adjugent la récréance au plus apparent poffeffeur.

Mais il ne fuffit pas d'avoir donné de bons Adminiftrateurs; il faut veiller à ce qu'ils faffent une bonne & légitime adminiftration. Ainfi il faut diftinguer deux fortes d'adminiftrations des biens Ecclefiaftiques, l'une eft purement temporelle, l'autre eft mixte, temporelle & fpirituelle tout enfemble.

La purement temporelle concerne le feul Temporel des Benefices;

le Roi y a des droits differens felon la différente qualité des Admi-
niitrateurs ; par exemple, s'ils font Adminiftrateurs en titre, les
fruits leur appartenans, le Roi n'a droit à leur égard que d'empêcher qu'ils ne dégradent les bâtimens ou les fonds, de les obliger
aux réparations, de fatisfaire aux aumônes & aux autres charges
Canoniques, ce qui appartient à l'Office de Promoteur ; s'ils n'y fa-
tisfaifoient pas, le Roi en cette qualité peut faire des faifies, &
même commettre d'autres perfonnes. Ainfi Joas ôta le pouvoir aux
Prêtres de recevoir les offrandes deftinées aux réparations du Temple, & commit un de fes Officiers pour y veiller conjointement
avec le Grand Prêtre ; & parmi nous les Officiers peuvent faire
faifir les revenus des Benefices & des Beneficiers pour fureté des
réparations.

Mais fi ce font des Adminiftrateurs par commiffion, le Roi peut
veiller fur leur adminiftration, non feulement par les mêmes voies,
mais même deftiner l'emploi des deniers aux neceffitez les plus ur-
gentes & s'en faire rendre comte par les Officiers. De là tous les ré-
glemens fur le fait des Hopitaux, tous les jugemens donnez en execution, qui fe rapportent tantôt au droit de Protecteur, tantôt à
celui de Magiftrat politique.

L'adminiftration mixte eft celle qui outre l'adminiftration temporelle emporte une adminiftration fpirituelle ; par exemple, l'union
ou la divifion des Benefices qui fe fait ou par la fuppreffion ou par
la multiplication du titre beneficial.

Quand à cette adminiftration, le titre du Benefice étant fpirituel,
elle dépend plus de la Puiffance fpirituelle que de l'autorité du Roi,
parce qu'il y a des Benefices que le Roi ne peut unir ou divifer fans
la participation de la Puiffance fpirituelle, au lieu que la Puiffance
fpirituelle le peut faire dans le Royaume fans la participation du Roi.

Pour entendre ceci, il faut diftinguer les Benefices de fondation
Royale des autres, & divifer ceux qui en font, en Benefices à charge
d'ames, & ceux qui n'ont point charge d'ames.

Le Roi peut unir ou divifer d'autorité abfolue fans le miniftere
de la Puiffance fpirituelle les Benefices de fondation Royale qui n'ont
point charge d'ames, felon qu'il le juge utile aux befoins de fon
Eglife ou de fon Etat, parce qu'ils font Benefices feculiers & profanes, que le Roi n'a érigez qu'à condition d'en avoir toujours l'autorité & l'adminiftration fouveraine. De là Philippes de Valois a
uni de fon autorité abfolue une Prébende de Notre-Dame de Poiffy
à l'Abbaye de Joyenval.

Si les Beneficiers ont charge d'ames, le Roi ne peut pas les unir
ni les divifer d'autorité abfolue, parce que le titre des Benefices à
charge d'ames emporte Jurifdiction au for interieur, & un droit
d'adminiftration dans l'interieur du Sanctuaire. Or les droits ne peuvent être donnez ni ôtez, multipliez ni fupprimez que par la Puiffance fpirituelle.

Tr. de l'A-
bus L. 1. C.
4. n. 40.

Du Moul. ad
Reg. de Inf.
n. 417.
Pr. des Lib.
Ch. 35. n. 1)
& C. 36. n.
41.

Mais auſſi il eſt certain que la Puiſſance ſpirituelle ne peut faire ces unions ou diviſions en France, ſans la permiſſion du Roi, de quelque fondation que ſoient les Benefices; car s'ils ſont de fondation Royale, ou en patronage Laïc, la Puiſſance ſpirituelle ne peut rien faire au préjudice du droit des Laïcs, dont le Magiſtrat politique eſt conſervateur.

S'ils ſont de fondation ou patronage Eccleſiaſtique, le Roi comme Protecteur eſt obligé d'empêcher les innovations qui y ſont préjudiciables; donc il doit prendre connoiſſance & y donner ſon conſentement.

Il y a pluſieurs autres raiſons par leſquelles le Magiſtrat politique eſt intereſſé dans ces changemens ſelon la nature & l'importance des Benefices; par exemple, la ſuppreſſion des Evêchez, &c. cela ſe doit faire par le concours des deux Puiſſances. De là nous avons vû que le Concile de Calcedoine a ceſſé des diviſions de Metropoles qui avoient été faites par la ſeule autorité Imperiale. De là dans la troiſiéme Race de nos Rois, le Pape Luce III. ayant voulu ériger en Archevêché l'Evêché de Dol, Philippes Auguſte s'y oppoſa & manda au Pape que c'étoit entreprendre ſur les droits de ſon Royaume. *Conc. Calced. ſeß. 5. Vide Synod. Sucſ. apud. Menardum ſucceſ. Caroli Calvi a. 853.*

Après avoir parlé des droits du Roi concernant l'acquiſition des biens Eccleſiaſtiques, voyons quels ſont ſes droits touchant l'alienation des mêmes biens. Sur quoi il y a trois choſes à conſiderer, le pouvoir d'aliener, les cauſes, & les ſolemnitez des alienations.

Quant au pouvoir d'aliener, il eſt décidé par les Conciles que l'Egliſe ne peut aliener que par la permiſſion du Prince, pour ordonner l'alienation des biens de l'Egliſe de ſon autorité abſolue. L'Egliſe eſt ſous la protection du Roi, comme un mineur eſt ſous celle d'un tuteur; ce droit lui appartient comme Protecteur. Au contraire il y a des cas où le Roi peut ordonner l'alienation de ſon autorité abſolue, tantôt comme Protecteur, tantôt comme Magiſtrat politique : comme Protecteur, quand elle eſt utile à l'Egliſe, quand les fonds lui ſont à charge, &c. De là l'Empereur Juſtinien ordonna que l'Egliſe donneroit des maiſons ruinées en emphyteoſe, dans une de ſes Novelles : comme Magiſtrat politique, quand l'alienation eſt neceſſaire au bien public. De là les Arrêts qui ont ordonné les échanges à des conditions favorables. *Capit. Regis in cad. Syn. propoſit. Pr. des Lib. de l'Eg. Gal. T. 2. C. dem.*

Quant aux cauſes de l'alienation, le patrimoine de l'Egliſe étant inalienable, il ne le peut être ſans une cauſe légitime. Mais à qui appartient-il de déterminer ſi la cauſe eſt légitime, ou non ?

Pour décider cette queſtion, le Roi a quatre ſortes de droits à l'égard des biens Eccleſiaſtiques, ſous leſquels il faut conſiderer les biens de l'Egliſe : comme Magiſtrat politique, comme Seigneur féodal, comme Protecteur, comme Fondateur. Sous ces quatre titres on peut voir quels ſont les droits des Rois dans l'alienation des biens Eccleſiaſtiques.

C'eſt au Magiſtrat politique comme Souverain, à régler la proportion du ſecours qui lui eſt dû par les biens Eccleſiaſtiques dans les neceſſitez de ſon Etat, c'eſt-à-dire d'en déterminer les cauſes, les occaſions & la qualité ; il peut l'exiger de plein droit, autrement ſa Souveraineté ſeroit imaginaire.

Mais pourquoi donc en pareilles occaſions les Rois ont-ils eu recours tantôt à des Aſſemblées du Clergé, tantôt à des Aſſemblées de l'Etat, quelquefois même à la Cour de Rome ? Pourquoi Clotaire ſe voulant appliquer le revenu d'une Egliſe, un Evêque lui repartit, que s'il vouloit s'emparer des biens appartenans à **Dieu**, Dieu lui ôteroit ſon Royaume ?

Il faut expliquer cela avec quelques diſtinctions. Premierement c'eſt un principe que quand nous diſons que le Magiſtrat peut quelque choſe, cela ne s'entend que d'une puiſſance ſubordonnée à la juſtice & à la loi, c'eſt-à-dire, qu'il ne la peut qu'en cas qu'elle ſoit juſte & neceſſaire ; car dans la matiere dont nous parlons, il n'y a que la neceſſité qui puiſſe fonder la juſtice. Il faut même diſtinguer la neceſſité urgente de celle qui ne l'eſt pas. Si la neceſſité eſt urgente, par exemple, qu'il s'agiſſe d'une ſubite irruption des ennemis, on ne peut nier que le Roi ne puiſſe uſer d'une autorité abſolue des biens de l'Egliſe comme des autres pour la défenſe de ſon Etat. Ainſi David ne fit point difficulté de manger les pains de propoſition, & cet exemple eſt canoniſé dans l'Evangile par la propre bouche de Jeſus-Chriſt.

Hors cette neceſſité urgente, il faut diſtinguer les Edits qui tendent à l'alienation des fonds de l'Egliſe, de ceux qui ne touchent que le revenu. Ceux qui vont à l'alienation des fonds de l'Egliſe, ne peuvent être faits ſans la Puiſſance Spirituelle, parce que l'Egliſe étant proprietaire incommutable de ſes biens, elle n'eſt pas de pire condition que les autres proprietaires dont on ne peut aliener le bien que de leur conſentement. De là Carloman voulant aliener le bien de l'Egliſe, cela ne ſe fit que par un Concile où le Légat du Pape étoit préſent.

In Conc. Septim.

S'il ne s'agit que du revenu, de deux choſes l'une ; ou l'impoſition ne ſe fait que par maniere de quotité, comme ſi le Roi ordonnoit qu'il prendroit dorénavant le quart du revenu des biens Eccleſiaſtiques ; ou elle ſe fait s'il eſt permis de ſe ſervir de ce terme) par maniere de quantité, quand il ordonne que les Clercs lui donnent une certaine ſomme.

Si l'impoſition ſe fait par quotité, elle affecte le fond & forme une eſpece d'alienation, il eſt juſte que l'Egliſe y donne ſon conſentement.

S'il s'agit de l'impoſition d'une certaine ſomme, c'eſt plûtôt un tribut perſonnel que réel. Or le Roi peut faire des impoſitions perſonnelles ſur tous les Sujets, & ce n'eſt que par conceſſion des Rois, s'ils ont des privileges qui les en exemtent.

Voilà

Voilà le droit du Roi pour déterminer les caufes légitimes de l'aliénation des biens Ecclefiaftiques, comme Magiftrat politique. Voyons maintenant fes droits de féodalité, de protection & de fondation.

Comme Seigneur de Fief, le Roi a une qualité plus étendue en un fens, & plus reftrainte dans un autre. Il a dans un fens une qualité plus étendue, parce que comme Seigneur de Fief, il eft Juge fouverain de toutes les caufes pour lefquelles l'Eglife peut aliener & perdre fon fond, par la loi & la condition des Fiefs ; par exemple, il eft Juge des commifes & des confifcations, foit en défaut de payement du canon emphyteotique, foit par la coutume des Vaffaux, foit à caufe des crimes de trahifon, de félonie des Ecclefiaftiques. Mais cette autorité eft reftrainte à la feule efpece des biens fujets aux féodalitez, aux emphyteofes : c'eft pour cela que nous avons dit que ce pouvoir eft auffi plus borné en un autre fens, parce qu'il ne s'étend point fur les biens que l'Eglife tient, quand ce n'eft ni à titre d'emphyteofe, ni à titre de féodalité.

Comme Protecteur, le Roi a droit d'approuver ou de réprouver toutes les caufes des alienations ; ainfi Juftinien permet d'aliener les vafes facrez pour la rédemtion des captifs. Dans un tems de famine le Roi peut permettre l'alienation des fonds pour la nourriture des pauvres.

Mais le Roi eft encore plus abfolu en qualité de Fondateur, parce que ces biens demeurent toujours en quelque forte feculiers & fujets immediatement à l'autorité Royale.

Le Roi pouvant donc ordonner l'alienation des biens Ecclefiaftiques pour des caufes légitimes, & déterminer même la juftice des caufes, on peut encore moins douter qu'il ne lui appartienne d'en prefcrire les formalitez des alienations, & d'autant moins que ces formalitez n'étant introduites que pour empêcher la diffipation des biens de l'Eglife, elles regardent le devoir du Protecteur. C'eft donc au droit du Protecteur qu'il faut rapporter ces Loix de l'Empereur Leon, & ces Novelles de Juftinien touchant les formalitez des alienations des biens Ecclefiaftiques, & generalement toutes celles de nos Rois fur la même matiere.

FIN.